精致生活，也可以不贵

[日]加藤惠美子　著
范宏涛　译

北京联合出版公司
Beijing United Publishing Co.,Ltd.

前言

人生的喜悦,在于衣食住行一应俱全,多姿多彩,生活幸福地展开。饮食,则是这一切的开端。

人们靠味觉感知食物的美味,但实际上除了味觉,还要充分调动嗅觉、触觉、听觉、视觉等感官。当然,主要还是由于味觉被触发,感官得到磨炼,品味得以提升,从而更能感受到美的愉悦。有人说,要想提升感官的感受力,就需要体验更多美好的事物,但也许品尝美食才是更好的选择。

美味分为两种。一种是专业级别的极致美味,另一种则是每天吃也不会觉得腻的家常美味。如果每天吃食材、制作时间、制作方法都商品化的专业级美味,可能吃出毛病或者吃腻。即使是专业人士,也是在自己家吃煮熟的蔬菜更安心。

吃自己家制作的尽可能天然又清淡的食物，对身心都有裨益。健康和美貌需要均衡的营养来维系。

现在有很多购买方便、人人喜欢、无比美味的商品，大家对此很高兴吧？我倒是有点担心，是不是要注意"美味过头了"这个问题。

如今，有人再次提到十年前拙著《了解食物》中有关饮食的思考。重新审视当下饮食环境的变化，就会切实感受到饮食中隐含着众所周知的可怕问题。制作精美、价格昂贵的专业级美味也不是绝对健康可靠的。无论学什么，掌握什么，都应该尽量以自然为师，将日常生活视为修炼自己的场所。

正是这样的时代，才越发希望自己尽可能在烹饪、加工方面花更多时间。

一般来说，自己家里每天吃的饭菜应该是有益健康、营养均衡的。为了增进食欲，制作时应让饭菜看起来赏心悦目，但也无须过于费事，只要简单易操作就好。如果能在快乐中做饭，而不是将其视为负担，那就圆满了。如果能养成在家做饭的好习惯，而不是视其为苦差事或义务，那么居家做饭的温馨感也会帮助人养成温和的个性。

我们处在一个物质丰裕的时代，可以按照预算在超市买到各种常见的蔬菜。不过，用什么方法调味才好？做好的东西是否有益健康？面对疑问，我们充满困惑。我们有时候甚至没有时间做饭，于是就想吃一些现成的东西。这样的饮食却缺乏精致。

自己制作，自己调味，可以说是最基本的饮食生活，因此为了日常生活得更好，就从饮食做起吧。日常生活越精致，越能锻炼感性、个性、人品、性情、人际交往能力等，获取更多的信息和参加更多的旅行活动也能使其得到锻炼。

目 录

第一章　吃是人生的乐趣
- 第一节　品鉴美味可以提升五感　　4
- 第二节　好食材塑造好性格　　8
- 第三节　美食要在整洁的厨房做　　12
- 第四节　做饭的过程磨炼感受性　　15
- 第五节　感受季节，调节身心　　19

第二章　想好一周的食谱
- 第一节　美味要简单易做有益健康　　26
- 第二节　好食谱食材简单、用时适当　　31
- 第三节　在菜谱中加上时令菜　　35
- 第四节　提前筹划特殊日子的菜谱　　37

第三章　从采购食材开始
- 第一节　认真挑选食材　　44
- 第二节　购买应季食材　　49
- 第三节　一周采购一次　　54

第四节　调料一月左右补充一次　　56
第五节　需要储存的应急物品　　58

第四章　食材的保存与处理

第一节　原封不动保存法　　64
第二节　处理后保存　　66
第三节　自制加工食品的保存方法　　71
第四节　半成品的保存方法　　73

第五章　做菜时间到了

第一节　影响味道的关键点　　80
第二节　主菜可用自制储存食材来做　　96
第三节　配菜主要用常备菜来做　　102
第四节　用常备菜做丰盛的美食　　112
第五节　记住不同季节的美味　　115
第六节　了解一下食材的搭配　　118
第七节　蛋类可做主菜也可做配菜　　123
第八节　早餐可以灵活制作　　126

第六章　美食要搭配美器

  第一节　日常巧妙摆菜的要点　　133

  第二节　日常巧妙搭配的要点　　136

  第三节　选好餐具，完善生活仪式感　　138

  第四节　用花装点餐桌　　141

  第五节　饭桌交流增进彼此情感　　143

第七章　待客之道

  第一节　精致布置，用服务弥补不足　　147

  第二节　做好自己的拿手菜　　150

  第三节　尝试做高级食材　　156

  第四节　为对方考虑周到　　158

第八章　甜品更应该吃亲手做的

  第一节　自制甜点很容易　　161

  第二节　零失败制作烤饼　　163

  第三节　自制日式点心　　164

  第四节　蛋挞皮也能自制　　166

结语　　168

第一章

吃是人生的乐趣

首先有必要改变饮食观念

每天享受美食而不浪费，日常生活就会变得充实而美好。

有的人痴狂于工作，有的人喜欢睡眠带来的快乐，生活方式虽然各不相同，但多数人都会从饮食中感受到人生的乐趣。

饮食是人生的乐趣。可是，负责在家做饭的人，每天都要为一日三餐烦恼，会觉得做饭是一种义务。坦率来说，他们多么期待哪怕得到一次清闲。

既然入手了本书，那么您不妨尝试改变一下自己的饮食生活。具体方法我们在第一章之后介绍，作为基础，本章先讲一讲如何改变饮食观念。

负责家庭饮食生活的人不应该把自己定位为义务做饭的人，而应该是家庭娱乐活动的策划者。因此，我们需要进一步认识到饮食在生活中的重要性。饮食与良好的生活方式、健康快乐的人生息息相关，而且关系到下一代的身体健康。我们要保持这样的认识，做好一天中的每一顿饭。

　　仅仅是想吃美味的食物还不够，还要尽可能吃没有问题的美食，在家做饭，在家吃饭，可以帮助我们实现这个目标。通过本章，我希望大家了解饮食的重要性，成为一个不把做饭当义务劳动、懂得体验做饭乐趣的人。

第一节　品鉴美味可以提升五感

人之所以能感受到"美味",是因为五感(味觉、视觉、嗅觉、听觉、触觉)得到了综合满足。

味觉是通过舌头和口腔感知酸甜苦咸鲜味道的一种感觉。不过,平日里我们感知"美味"不仅仅依靠味觉,还加上了其他感觉的综合判断。

如果食物在视觉上颜色漂亮、形状美观,看上去就很好吃,那它就具备了让人想要品尝的前提。要是看到饭菜能辨别食材,而且食材还是自己所爱,那么自然会迫不及待要去品尝。

美食对嗅觉、触觉、听觉都有积极的影响。

饭菜在端上桌之前就会飘出香味。即便不是小狗,鼻子也会闻香而动;即使不用手直接拿取食物,触觉也能通过筷子或者刀叉感受到食物的软硬。即使不是在餐桌上烹饪，即使声音很微弱，我们也能听到刚出锅的食物发出的声音。

其实食物在入口之前味觉活动已经开始了，在开动之前就会想象那是一种什么味道。

到底是符合期待还是出乎意料？入口之后，如果符合期待，那就是："好吃。"不好吃的食物，会表现出过酸或者过咸等不符合你预期的味道，但好吃的情况下它就是美味。美味必须让五感都能得到适当的满足。可以说，"美味"就是所有感觉的综合。

品尝美味可以让感官体验得到升级。反过来，情况就惨了。如果总吃不好吃的东西，感官就得不到磨炼。此外，市售商品千篇一律的味道，会使我们味觉变得麻木，对味道的感知力变差。市场上的食品为了追求美味会添加各种复杂的化学成分。商家为了提供这种一成不变的味道，就会走上歪路，生产"超级美味"。

为了提升感官体验，"美味"应该回归

到朴素的家常饭菜。尽可能选用新鲜、高品质的食材，采用简单的烹饪方法，让食材的美味能够更好地释放。自家冰箱的食材是影响我们感官的宝物。

冰箱里不应该存放一些市场上销售的即食食品，而应该将新鲜的食材分装好再保存（食材的分法详见本书第四章）。只有这样，冰箱才能称为宝库。

为了让每天的烹饪变得简单,买了食材后不要直接放进冰箱,而是要处理成可以随时直接取用的状态再保存。如果把食材作为常备食品处理,就不会为日常的烹饪而烦恼,还能节约时间。

第二节　好食材塑造好性格

就算是专业厨师，回到家之后也想吃自家简单烧制的蔬菜。可能因为他们一天到晚都在追求美味，味觉已经疲劳了吧。这就告诉我们，家里每天都要做的饭菜，还是尽可能地口味素淡为好。

为了让味觉感受更加丰富，大家最好不要挑食，应该选择多样的食材，采用多种烹饪方法制作美味。

为什么会挑食呢？如果是美味，自然会被大家喜欢。而讨厌某种食材，可能是因为偶然的糟糕体验（味道不好、食物看起来就让人没食欲、吃了后身体不舒服等）所致。一次糟糕的体验，就足以让人将某种食材排除在外。如果非要硬着头皮去吃不喜欢的东西，只会对它更加讨厌，只有将该食材做出超级美味再去品尝才能忘掉以前的糟糕体验。若非如此，那就容许一两种不喜欢的食材存在，乐观地以其他喜欢的食物来弥补它们所含的营养元素。

孩子的味觉没有受到污染，对美味非常敏感。因此，孩子能感受到味道的细微差异。随着年龄的增长，孩子的味觉会变得越来越迟钝。有的家庭甚至觉得"哪个好吃，孩子最知"，于是让孩子去探索美味。这是因为孩子确实比大人的味觉感受更好。

单方面考虑孩子喜欢的味道，食物会倾向于过重的甜味、咖喱味、零食味。采用冷冻加工食品制作的便当、儿童在户外吃的膨化食品，就会存在这种情况。

味觉会逐渐升级。吃惯了美味过甚的东西之后，便品尝不出普通烹饪方法做出来的微甜味和食材本身的味道，而且也不再认为这就是美味。刺激的味道、过辣过酸的东西也许有其吸引人的地方，但体验了极端的重口味之后，味觉就很难回归了。

饮食对身体状况影响很大，具体而言就是让血液呈酸性或碱性。据说血液呈酸性，会让人变得焦躁不安。

味道的强烈程度甚至会影响人的性格。家常菜如果以清淡柔和的味道为主，那么就可以通过饮食来培养一个人丰富的感受性和良好的品格。我们的味觉很容易受一日三餐不断的影响，因为饮食生活具有很强的习惯性。

家常菜的关键是丰富的食材和清淡的味道。如果觉得有必要让味觉"重启"，那么就先吃没有放作料的食材，从感受原味开始。对此，不妨尝试做一些海带汤、鲣鱼汤、蔬菜汤等原味汤来喝。如果你觉得以前吃过的过于美味的东西充斥着一种多出来的杂味，那就意味着你的味觉成功"重启"了。

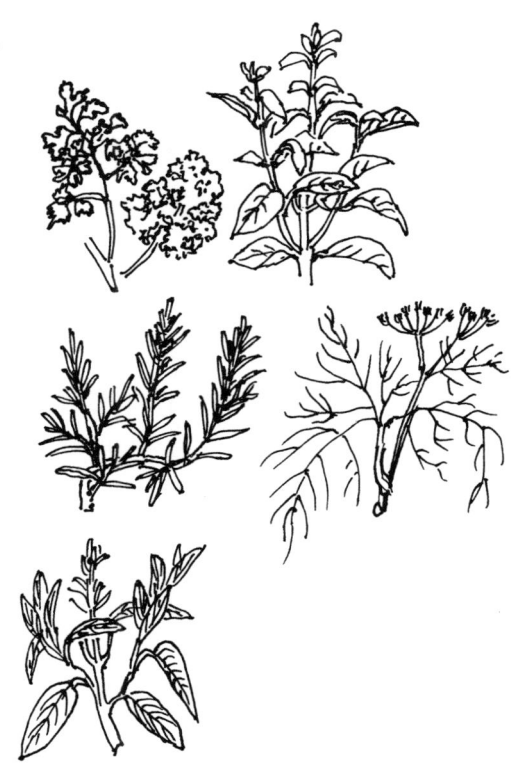

新鲜的香料植物可以在自己家栽培,也可以在超市购买。香料植物可以激发并提升食材的味道,点缀菜品。欧芹、罗勒堪称百搭,迷迭香、艾草可配肉类,莳萝可以配鱼。

第三节　美食要在整洁的厨房做

一家餐厅是不是名店，相较于店内装潢，后厨是否干净整洁其实更为关键。看一看厨房，大体就能知道饭菜的品质。我们虽然没法看了后厨再选择餐厅，但是有大名厨在的人气店，后厨一般都很洁净。

这么说来，我们有必要审视一下自己家的厨房。有人说因为空间狭小，设备糟糕，所以做不出好吃的饭菜；也有人说即使把厨房装修得很好，饭菜也不会因此变得好吃。这些常用的借口，其实不适用于现在了。

现在的厨房无论是面积还是设备都比过去令人满意。如何熟练使用，让一个洁净的厨房发挥应有的作用，将考验使用者的能力。仅仅厨房抽屉的收纳，就能影响厨房的使用和美观。

理想状态是做完饭之后，厨具等全部收纳归位，厨房恢复到使用之前的状态。当然，餐后收拾餐具是第二步。

做完饭菜厨房就恢复洁净，这能体现出手艺的娴熟和做事的有序。娴熟的烹饪和美味的饭菜有着直接关系，在干净的厨房里才能做出美味的饭菜。

例外的情况是，为了让厨房保持干净无污染，全部从外面订餐。这种本末倒置的情况，厨房只是"给人看的厨房"，和美味的饭菜并无关系。

即便有两间厨房也不足为奇，其中一间是烹饪厨房，用于炒菜做饭，另一间是配菜厨房，用于盛饭配菜。厨房的干净整洁和饭桌的美观密不可分。为了让美味的饭菜在视觉上更吸引人，从餐具的选择到餐具的摆放，都需要用心考虑。想让客人对美味留下深刻的印象，在做菜之前就要考虑好用哪个餐具盛放哪道菜。

至于如何搭摆餐具，详见本书第六章。

此外，如果你能保持厨房整洁有条理，也会方便家里其他成员下厨。当你感到疲惫，什么也不想干时，家人就可以代替你做饭。有时候大家也可以一起做饭，家人一起动手做，既能增加大家对在家吃饭的兴趣，还能促进家人间的彼此交流。

　　作为厨房的管理者，你需要明确厨房的使用规则和收纳标准。理想的状态就是厨房的规则大家共同遵守，谁来使用都要保持规整。

厨房要一直保持清洁、规整的状态。上面的插图中有两间厨房，分别是烹饪厨房和配菜厨房。

第四节　做饭的过程磨炼感受性

每天做饭都像完成任务一样，其实会很费劲。我们不要想着没时间所以试图在短时间内火急火燎地完成做饭任务，而应该意识到做饭可以磨炼自己的感受性。如果能认识到做饭时间就是磨炼自己感受性的时间，那么就会觉得这个时间是多么幸福，这种满足感会让我们做出香喷喷的美味。

表面上看，做饭是为大家提供美味的奉献行为。但如果没有吃饭的人，那么做好的饭菜只不过是摆设而已，自己从中也得不到磨砺。

在给自己做饭的时候，也不要单纯觉得只为填饱肚子，最好怀着对烹饪的探索之心。在做饭的过程中发现不同食材的特征和作用，从而摸索出大量的原理和原则。这些发现，在其他方面也能发挥作用。

做饭可以锻炼注意力。一件事没有做好或者失败了，很多时候是因为注意力不集中。无论是工作还是生活，注意力都非常重要，如果注意力不集中，就没法做好一顿饭。这也是为什么聪明的女性大多能做一手好菜。

首先，切菜的时候必须集中注意力。菜要切得大小一致，以便接下来加热时，容易加热且受热均匀；可以一边想象着成品的样子，一边小心地切成便于食用的大小；考虑到装盘的需求，有意识地切成大小均衡、样子好看的形状，就能提升品味。切菜的方向，取决于是要保留蔬菜纤维来增加嚼劲，还是要让蔬菜在加热后变得更加柔软。切断纤维，让水分容易顺着纤维通过，蔬菜就容易变柔软。水分越容易顺着纤维通过，蔬菜就越柔软。

此外，使用刀具的时候要集中注意力，做到眼不离刀。用完刀之后要立即清洗以备再用，如果随意放在旁边很容易伤到自己，酿成事故。

加热是做饭的关键一步。开火之后，一

定不要离开现场。火候大小不要保持不变，而应该随着加热状态适时调整。烹调过程中，视线不能离开食物，你可以模拟、想象烹饪过程，想象食材现在是什么状态，试着吃一下（注意不要烫到），或者试着用竹签串起来。

每个人都会有一两次烧焦或者因为没把握好火候而留下遗憾的经历，出现这种情况的次数和注意力不足的程度成正比。因此，我们要充分意识到注意力的决定性影响。如果做饭的时候想着其他事，或者着急忙慌，注意力不集中，就会把饭菜搞砸。因此，集中注意力随时观察尤为重要。

调味是一件极其考验创造力的事情，也是决定食物味道的最后阶段。饭菜上桌之前需要考虑的是饭菜的美观甚至艺术性。如果在做饭时善于想象，那么就可以从食材搭配中构想出美食的样子。所以说，做饭能磨炼人的感受性。

自带一个餐台的厨房便于尝鲜,有助于边做饭边构想。因此这种厨房堪称做饭高手的专属。

第五节　感受季节，调节身心

我们受大自然的恩育，与大自然相伴，以大自然为师，这让我们感到幸福，并体验到了生活的满足感。每个季节的食材，也让我们充满欢喜。

面对种类繁多的蔬菜，我们知道，吃这个意味着春天来了，吃那个是夏天独有的乐趣，冬天最适合吃火锅。我们贪婪地享受着这些美味，自然也想让更多人知晓，想让各种菜肴都能追求极致，美味的种类可以不断增加。

正是因为重视季节感，感受性才得到了培养。

感恩每个时令最先上市的农产品，也是季节感的表现之一。但过于追逐早熟早上市的农产品，想着在任何时候都获取丰富的食物，也是不对的。每逢时令，当季食物往往既美味又便宜，那么为什么偏要违背时令获取反季的食物呢？这是因为我们在外吃饭的次数变多，任何时候在餐馆都能吃到同一种东西，因此习惯成自然。如果购买食材在家做饭，就会懂得根据季节来选择食材的种类，知道什么时候价格便宜。

用身体感受季节不仅仅可以维系正常的感觉，还可以保持健康的身体。每个人都得根据不同季节的气候变化来调整身体，当季节不正常或刚进入一个新季节，身体就会不适应。要想改善，就得吃应季食物。

春季，苦味的蔬菜大量上市，这些蔬菜有助于排出身体在冬季积累的毒素。夏季，天热没有胃口，宜吃一些增加食欲的酸味食品和一些降燥去火的食品。秋季，稍加辛辣就会刺激身体，所以在寒冷的冬季来临之前吃点美味菌菇或果实最为合适，而这样过秋天也必然舒爽。为了预防感冒，冬季可以吃点带咸味或甜味的根菜来驱寒保暖。

虽说蔬菜是人体必需，但并不是说吃一些全生的生菜、黄瓜、番茄就好。如果会感知季节，那么身体就会告诉我们去吃应季的食材。

第二章

想好一周的食谱

想想一周做什么饭菜

刚开始,主要是根据不同季节来安排好一周的食谱。一周的食谱安排好了,就会产生如下效果。

1. 食谱安排好,购物不浪费

如果一边想着该做什么饭菜一边购物,就会浪费时间,尤其是空腹时购物,往往会买回一堆多余的东西。如果安排好了食谱,那么就会不费时地采购到一周要买的东西。

2. 营养不偏离,一周好身体

根据季节,提前考虑购买健康且营养均衡的食材,同时在制定食谱的时候也能想到使用什么烹饪方法。

3. 制定饮食计划,养成好习惯

制定食谱时不妨以简单易做的美味和百吃不厌的家常菜为主。除了喜欢做饭且厨艺不错的人之外,那种"拍脑袋"想出来的食谱就算改良也很难吸引人。

如果能考虑到家人的喜好或做饭人的擅

长点制作食谱,该食谱就能成为这个家庭的专属。有时也可能在考虑了很多条件后不得不调整食谱,但总体来说,只有制定好了计划,才能有时间安排做什么饭。

4.购买时令食材,有益身体健康

食材到处有,但需要常备一些有益健康的时令菜,然后再思考用这些食材来做什么菜。一开始就去想好饭菜名,这样不可取。

第一节　美味要简单易做有益健康

日式传统饭菜的基本构成是一汤三菜。一般都是"汤菜、米饭、酱菜、煮菜或者烤鱼"这种简单搭配。现在的日式菜肴，基本上包含汤、主食（米饭、面包等）、主菜、沙拉、拼盘、小菜等。

如果有红酒或啤酒的话，有时也无须汤菜。除了米饭等主食之外，一般应该包括三种主菜和小菜。如果丰富的话，菜品可达七种。

因此，好食谱的关键是要满足三个条件：

①有益健康

②简单易做

③美味可口

主菜要选择肉类、鱼类等以蛋白质为主的食物。小菜则需要考虑是否可以平衡营养且百吃不厌。小菜的数量可以根据喜好来定。一汤三菜和讲究小菜数量并不冲突，小菜有时多有时少，只要不影响营养均衡就行。

不饮酒的时候可能想要喝汤汁，这也是好事。每顿饭不一定都是主食（碳水化合物）加主菜、小菜这种搭配。主食可以是面包、面条，只要和主菜、小菜搭配合理就没问题。

我们可以看一看本书 29 页有关一周食谱的具体例子。具体来说就是周一到周六将牛排、刺身、鳗鱼重复一遍，周日的时候以蔬菜为主。

大家都知道长寿之人喜食刺身。理由是刺身富含蛋白质，无须烹调就美味可口。这也可以说是从长寿之人的经验中总结出来的智慧。

如果觉得某个例子对你没有参考价值，否定它，你就容易找到最适合自己的食谱。通过多次否定，好好思考一下适合自己的独特搭配。经历了否定和调整，你就能不被日本尽人皆知的众多菜肴干扰，继续精进自己的厨艺。

家庭不同，一日三餐还是两餐各不一样。除此之外，还需要提前考虑以蔬菜、水果为主的早餐和午餐。这样一来，只需要根据季节改变食材，就能形成固定模板（可参照本书第五章第八节）。

最近喜欢将面包作为早餐的家庭多了起来。同时，也有一些家庭早餐只吃日本料理。

制作菜谱，归结起来讲，就是选择用鱼还是用肉做主菜，以及如何制作作为配菜的蔬菜，当作美味的补充。

琢磨菜谱，关键点是食材，并非在大脑里先浮现菜名，对此我们已经多次提及。做主菜、小菜用什么食材，以及主食有哪些种类，都要像设计故事一样进行考量。

一周食谱示例

①主菜（主要摄取蛋白质）

周一　牛排
周二　刺身
周三　鳗鱼
周四　牛排
周五　刺身
周六　鳗鱼
周日　蔬菜

②根据不同情况搭配不同的小菜（配菜）

※ 牛排

夏里亚平牛排[1]（做法参照本书119页）和骰子牛排（用筷子食用的日式牛排）。
配菜有水芹、扁豆、花椰菜、胡萝卜等热菜以及煎蘑菇、土豆泥等。骰子牛排的配菜也是日式的做法。

※ 刺身

比目鱼、真鲷（加吉鱼）、竹荚鱼、黄带拟鲹（大竹荚鱼）、金枪鱼、鲣鱼、鲳鱼、章红鱼、鰤鱼、鱿鱼、章鱼、螃蟹、虾、三文鱼、酒蒸鲍鱼、醋腌青花鱼、小沙丁鱼盖饭、腌红金枪鱼盖饭、橄榄油浸生蚝等。
配菜有萝卜沙拉、烤海苔、海藻沙拉、鸡蛋卷、醋拌黄

---

[1] 夏里亚平牛排，是日本特有的一种牛排，是东京帝国饭店在1936年应著名俄罗斯男低音歌唱家费奥多·夏里亚平（Feodor Chaliapin）的要求创制的牛排，夏里亚平对之赞不绝口。此后帝国饭店便以夏里亚平的名字来命名这道牛排。

瓜、红烧菜、山药泥等。

※ 鳗鱼

白烧鳗鱼、烤鳗鱼片、醋鳗鱼、鳗鱼蛋卷、烤鳗鱼肝串、蒲烧鳗鱼拌饭、鳗鱼茶泡饭等。

配菜有醋拌凉菜、奈良酱菜、清汤、醋拌海藻、蒸鸡蛋羹、烤茄子、茗荷沙拉、红生姜、芥末酱菜、米糠腌菜、醋章鱼、凉拌豆腐、海蕴、花椒小鱼干等。

※ 蔬菜

时令蔬菜。

冬天可以吃烧锅，夏天可以吃挂面等，春天和秋天是蔬菜煮饭或是烩菜汤（做配菜或是工作日吃都可以）。

第二节　好食谱食材简单、用时适当

一年有春夏秋冬四季，每个季节三个月大约十二周，不过从现在的气候异常情况来看却未必准确。特别是夏季，常常会超过四个月，有的年份，秋季和春季也比较短。

如果一直重复同样的食谱，会给人千篇一律的感觉，因此我们不妨发挥想象，做一个类似我们刚才介绍的食谱示例，然后根据季节调整小菜。这样一来，口感不同就不会让人感到乏味。

规划好每天饮食生活的预算很有必要。食物对身体来说很重要，如果预算不足导致营养不良，会很麻烦的。但明明预算不足，还去买昂贵的东西，或是流行的东西，这样也是不对的。

美味的饭菜不是高价的加工食品，而是简单的食材经过适当加工而成的。图省事而去购买加工食品其实是对预算的一种浪费。

大多数的食品损耗都源于普通家庭的

丢弃，因为这些东西在保质期内没有吃完。当今，减少生活垃圾和食品垃圾也是现实需求。

接下来，我们先思考一下一周的食谱吧。

在下表中，先填好肉类、鱼类这些主要补充蛋白质并符合预算的食物。然后，将除此之外的蔬菜以及相关营养食材作为小菜补充进来。现在就不妨将你擅长或想做的、想吃的东西填进去看看。两张表，都可以填好。

一周食谱①

周一
主菜:
小菜:

周二
主菜:
小菜:

周三
主菜:
小菜:

周四
主菜:
小菜:

周五
主菜:
小菜:

周六
主菜:
小菜:

周日
主菜:
小菜:

一周食谱②

周一
主菜:
小菜:

周二
主菜:
小菜:

周三
主菜:
小菜:

周四
主菜:
小菜:

周五
主菜:
小菜:

周六
主菜:
小菜:

周日
主菜:
小菜:

第三节　在菜谱中加上时令菜

加入时令菜，会让食谱跟随季节变化起来，增加了趣味。同是作为主食的米饭，春天的豆子饭，秋天的菌菇饭、什锦饭等，只要加入当季的食材就完全不同了。在基础食谱上添加一些时令菜，就有很大的变化。换言之，在基础食谱上添加一些时令菜就会变出花样来。

时令蔬菜以及用这些蔬菜做出来的常见饭菜能满足身体在该季节的营养所需。只要吃一些应季食物，身体就会充满活力。

现在可以从海外进口很多食材，任何食材都可以随时吃到，夏季南方的，冬季北方的，基本上做到了食材产地的气候和日本的四季相适应，让身体根据需要摄入相应营养。也不必要严格照此执行，因某个食材随时随地都有，所以就任何时候都吃，这样也是不正常的。

应季食材（本书 52～53 页列）不仅价

格便宜，外表新鲜，而且味道浓郁、营养价值高。尤其是蔬菜，只要看一下价格高低、种类多少和新鲜程度马上就会明白。

春季，蔬菜带有苦味，有助于身体排毒。这种苦味添加到天妇罗等食物中就会使其更加醇厚、味美，从而使身体在冬天淤积的毒素排出来。夏季，叶菜和深颜色蔬菜是精气神的源泉。秋季，应以菌菇、果实类和豆类为主，为身体过冬做准备。冬季，为了驱寒保暖，身体需要摄入一些温热的食物，多吃根菜类。

第四节　提前筹划特殊日子的菜谱

　　菜谱中可以偶尔加入一些特别的东西。简单而言,比如说冬天的火锅,在天冷的时候谁都馋这一口。对此,可以根据喜好来选择自己家的火锅类型,比如鸡肉氽锅、什锦火锅、寿喜锅、关东煮、生蚝锅、雪见锅、鲔鱼香葱锅等。

　　周日可以制定一份特制菜谱。在这一天,一定要品尝一下周一到周六没吃过的东西。

　　一周都忙于做饭的人,可能也会希望周日的时候得到休息。家庭餐馆和普通连锁饭店在周末的时候往往客流很多,与其在这些人多嘈杂的地方吃饭,不如在自己家享受做饭的快乐。比如平时不太做饭的人可以做一下自己的拿手菜,或者把自己的拿手菜教给家人,让做饭成为一种放松和消遣。

　　家里人都会做,而且大家可以一起做,同时吃完还容易收拾的,就数咖喱了。比如豆咖喱、咖喱炒饭、猪排咖喱饭、咖喱乌冬饭等，大家不妨发挥想象，尽享其乐。咖喱饭可是一味颇为深奥的家常饭。

在家人过生日或有客来访时，要备好一份特殊的菜谱。这种特殊菜谱，若能通过简易的制作获得好评，会是至高的荣幸。

这时候，可以购买那些平时因预算原因而割舍掉的食材。一般来说，对常吃且有益身体的食物进行高品质加工固然是一种妥当的做法，但相比之下，在制定特殊菜谱时，将高档饭店使用的食材或者平常不会采购的高价食材纳入进来比较好。虽然会因此增加预算，这也比那些人气餐厅或者只有预约才能去的高档饭店便宜很多。

当然，这种特殊菜谱还是应以家常菜为主。组织家庭活动的方式因人、因时而异。如果说在特殊的日子里只是去外面吃一顿了事，显然会缩小生活的乐趣。在自己家里举办特别的宴会，家庭内部的装饰风格也会因此有所不同。

特殊菜谱，例如寿司（什锦寿司、海苔卷、手握寿司）、盐烤鲷鱼、红小豆糯米饭、日式牛肉火锅、烤牛肉、牛排、奥地利炸小牛肉等，都会很受欢迎。

英国有种传统美食叫"周日烤肉"，这种食物比圣诞节食物简单些，但将其作为周日的一种肉菜，已经成为生活习惯。做的时候只要放入烤箱即可，配菜一般是土豆等蔬菜，再加上肉汤，就能让客人一饱口福。

第三章

从采购食材开始

不要买不必要的东西和加工过的东西

采购食品是满足消费欲望的简单且有效的手段,但缺点是一不注意就买了一些不需要的东西。对此有必要加以节制。

为了约束自己的购买欲,就要按照菜谱去采购。即便是乐于一边购物一边琢磨着今天做些什么的人,在没有确定目标的情况下也会买些没用的东西。

一进超市,我们可能就会被那些已经做好了的副食品所吸引。这时候,不妨想一想居家饮食的购买原则,那就是要有益健康、简单易做、美味可口。而加工过的食品往往过于美味,因此这种食品即使好吃又方便,也要尽量避开。

做饭烧菜,基本原则是要自己加工生食材。那些只需将汤料包放入热水,然后在里面放入加工好的配料的食品,也就是只需用开水冲调就能吃的食品,即使材料是分开的,也属于即食性加工食品。

近来，有一些挂面、干菜里面就带有美味的汤料或汤汁，甚至不需要煮也不需要用水冲调的食品也在不断增加。

需要注意的是，即便不去手工做面条，那么最起码也得自己动手做汤汁汤料。

第一节　认真挑选食材

现在我们可以通过各种渠道买到食材。每个人面临的情况不尽相同，但至少不要在附近的便利店或超市买完一切所需。

要"认定"自己吃过且接受的食材。不要只在同一家店买生鲜食品，可以多找两三家可靠的地方。干菜、罐头、进口食品、调料等，首先要认准品牌（本书 57 页有推荐的调料，可供参考）。

至于购买，可以选择比价之后便宜的店、来去方便的店，还可以选择花一些送货费直接下订单邮购，或者采取网上订货等方式购买。

要想烹制有益健康的饭菜，选择食材就很重要。采购的人，应该参照食谱，挑选营养价值高的时令菜，包括富含蛋白质的主菜和用来制作配菜的蔬菜，然后再补充一些可以存储的常用食材。

要根据食材的种类制定选择的标准，在

考虑预算的基础上，定好哪些东西就算贵一些也要买，哪些食材便宜一些也可放心吃。

就算相比价格更注重品质，也不能忽视哪些地方买更便宜。同时，那些喜欢做饭的朋友的信息也很重要。相比食谱，我们更应该注重食材信息。

[食材列表]

蔬果	番茄
洋葱	白菜
大葱	茄子
胡萝卜	甘蓝
牛蒡	茼蒿·小油菜
莲藕	菠菜
萝卜	西芹
山药	芝麻菜
土豆	水芹
南瓜	黄瓜
西蓝花	甜菜
龙须菜	生姜
抱子甘蓝	茗荷
花椰菜	荷兰芹·罗勒
香菇	鲜蒜
杏鲍菇	银杏
姬菇·金针菇	苹果
灰树花菌	香蕉
豌豆	蓝莓
毛豆·蚕豆	柠檬
青椒	牛油果
红辣椒	

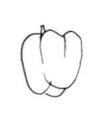

肉·鱼·其他	罐头
牛肉	金枪鱼罐头
猪肉	蟹肉罐头
鸡肉·羊肉	扇贝罐头
鸡蛋	沙丁鱼罐头
腊肉·意式培根	番茄罐头
香肠	番茄酱
熏火腿	橄榄罐头
干酪	**调料**
黄油	盐
酸奶	酱油
牛奶	红糖·甜菜糖·蔗糖
虾	蜂蜜·枫糖浆
扇贝	细砂糖
三文鱼片	橄榄油
蓝鳍金枪鱼	芝麻油
樱花虾	天妇罗用油
小银鱼·玉筋鱼（银针鱼）	醋
海蕴	香醋
裙带菜·海藻	葡萄酒醋
海带	味淋（日式甜料酒）
油炸豆腐	味噌
魔芋	梅干
德国酸菜	芝麻酱
豆腐	熟芝麻
西式泡菜	黄油
腐竹	椰子油

其他种类的调品	低筋面粉
凤尾鱼泥	面包粉
大蒜	核桃
月桂叶	杏仁粉
水瓜柳 [1]	黄豆面
芥末·日式芥末·洋芥子	荞麦粉
胡椒·咖喱粉	青海苔
蛋黄酱	烤紫菜
山椒·辣椒·七味粉 [2]	大米
桂皮	红豆·扁豆
干货·其他	黄豆·黑豆·鹰嘴豆
干葫芦条	花生
柿饼	葡萄干
鲣节·小杂鱼干	加州梅
海带·羊栖菜	面包
木耳	意大利面
松子	可可豆
葛根粉·面筋	抹茶
寒天·明胶	咖啡
生粉·糯米面	红茶
荞麦面及其他干面	

---

1 水瓜柳：西餐常用调味料，也称酸豆，用刺山柑的花蕾或嫩浆果腌制而成，常用海鲜类菜肴、冷沙司、沙拉等开胃小吃。

2 七味粉：也叫七味唐辛子，是日本的一种以辣椒为主料的调味料。

第二节　购买应季食材

买东西的时候，要重视应季食材。

尤其是蔬菜，选择时令菜，对身体有益，而且简简单单就能做出美味。

即使想要多吃生蔬菜，但如果吃的不是应季的、新鲜的食材，也会因为营养价值低，摄取营养的效果大打折扣。绿叶菜等生蔬菜给人带来活力是在春、夏季。了解应季食材确有必要。

此外，还要了解如何烹饪才好吃，然后再做决定。即便是当季食材，有的也难以加工或烹饪，有的做成的菜也并不被喜欢。这时候，就有必要熟悉时令菜，同时还要熟练掌握将其做成美味食物的技巧。

如果说起沙拉只能想到蔬菜沙拉、番茄沙拉和黄瓜沙拉，那就只会对沙拉产生厌恶。这样就辜负了番茄和黄瓜的美味。

○鹰嘴豆沙拉

把鹰嘴豆和大豆煮好，再配上煮熟的

鸡蛋、切碎的洋葱、金枪鱼罐头、欧芹、椒盐、蛋黄酱即可。

* 豆类沙拉如果使用水煮方法做的话会比较快一些。将水煮豆子用袋子封装好，可以作为家里的常备食材。

* 春夏之交，水煮的毛豆和蚕豆都很好吃，即便不做成沙拉也十分美味。

○洋葱番茄沙拉

将番茄切成薄片，然后再放上切碎的洋葱，加上适量的鲣鱼花、醋、柠檬、酱油、芝麻油、辣椒。

○夏季的土豆沙拉

土豆蒸熟切碎，火腿切丝，煮好的鸡蛋切碎，胡萝卜、洋葱、黄瓜切片，加牛油果，用椒盐、芥末酱、蛋黄酱和帕马森·雷加诺干酪调味。

○冬季的土豆沙拉

把刚蒸熟的土豆和切成薄片的洋葱用蛋黄酱调好，撒上欧芹，这就是温热的土豆沙拉。

○日式萝卜沙拉

把萝卜切细，然后把小干白鱼放入微波炉加热，最后加入切碎的绿紫苏、白芝麻、鲣鱼花、三杯醋[1]、芝麻油。

○不用油的水沙拉

把黄瓜、芹菜、洋葱、胡萝卜、青豌豆、火腿等食材切碎，用水、蜂蜜、柠檬、盐、胡椒调拌。

○黄瓜酸奶沙拉

酸奶控水1小时，然后加入橄榄油、酒醋、大蒜搅拌，撒上椒盐，再把黄瓜环切后点缀其上。

○日式黄瓜沙拉

黄瓜环切后撒盐，把干裙带菜放入水中洗干净切好，然后加入小干白鱼、蜂蜜、醋、酱油、白芝麻拌匀。

下面图表是一年四季的应季食材单。

---

1 三杯醋，一种调味醋，由醋、味淋、酱油按比例调制。

春	夏
油菜花·三叶芹	黄瓜
芦笋	番茄
水芹	蚕豆·毛豆
豌豆	扁豆
花椒芽	茗荷
食用土当归	青椒
艾叶	豆角·扁豆
蕨菜	西葫芦
紫萁	秋葵
蜂斗菜	紫苏
竹笋	花椒
楤木芽	冬瓜
蜂斗菜的花茎	茄子
荷兰豆	菜瓜
春牛蒡	南瓜
春土豆	玉米
春洋葱	樱桃
春甘蓝	西瓜
草莓	无花果
蓝莓	桃子
金枪鱼	竹荚鱼
鲣鱼	星鳗
石鲈	鳗鱼
蛤蜊·花蛤	海鳗
鲅鱼	
针鱼·沙梭鱼	
鲷鱼	
荧光乌贼	

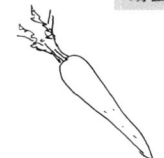

秋	冬
栗子	芜菁
银杏	莲藕
菊花叶	虾芋
菊花	白菜
红薯	抱子甘蓝
松茸	茼蒿·菠菜
蘑菇（香菇、姬菇、灰树花菌等）	水青菜·小油菜
酸橘	花椰菜
柚子	韭葱
百合根	萝卜
马蹄莲	橘子
葡萄	苹果
梨	鲫鱼
柿子	鳕鱼
青花鱼	金枪鱼
秋刀鱼	鲷鱼
沙丁鱼	比目鱼
	生蚝
	螃蟹

53

第三节　一周采购一次

购物的话，大约一周一次就可以。

采购的时候，只买那些菜谱上需要的、目前缺少的食材。这就是一周购物一次的作用所在。不要对别人所说的必要食材照单全收，按照既定菜谱，做好安排，就知道哪些食材该买。为了实现一周买一次东西的目的，就从有计划地制定菜谱开始。

菜单之外的必要食材，可时不时根据一周的用量采购一次。这样通过多次采买，家里的常用必要食材，比如牛奶、鸡蛋、酸奶等，就能常备不缺了，即使调整菜谱，也能将准备好的食材搭配得当。采购的食材要按期吃完，这一点很重要。

购买食材的时候没必要担心如何处理，也没必要担心买多了怎么吃完。处理得当，就不会浪费，也不会有损失。

肉类和鱼类一般可以冷藏两周左右。对于无须考虑新鲜度就可以处理的蔬菜（如笋类）和要想保存一周而需要处理的叶类蔬菜，可以将其蒸熟冷藏，这样就能分多次食用。需要生鲜保存的东西是想办法保鲜还是缺的时候再次购买，都需要提前考虑好。关于食材的保存方法，我们在第四章详细说明。

　　食谱就是决定如何准备自己家一周常用食材的指南。

第四节　调料一月左右补充一次

调料、干货、粉类、挂面等在做饭的时候就会用到，要多备一些，不能按照菜谱用完再买。

有人可能愿意选那些价格便宜的大瓶装，不过收纳的时候要注意大瓶是否好放置。至于分量，应该根据使用频率、保存方式等综合判断。尤其是考虑到夏季高温，大概买一到两个月的量就可以。

〇储存方便的物品

酱油、味噌、盐、白糖、醋、酒、味淋、芝麻、黄油、芝麻油、橄榄油等。

乌冬面、荞麦面、意大利面等面条类。

小麦粉、荞麦面粉、猪牙花粉、糯米粉、硬质小麦的粗粉等面粉类。

除此之外还有干豆、番茄罐头、番茄酱、番茄汁、葫芦干、干香菇、蜂蜜、杏仁酱、可可粉、鲣节、面筋、海带等。

* 每次可以少量做一些蛋黄酱（做法可

参考本书90页)。

○推荐的调料

京都丸庄酱油、饭尾酿造的富士醋、流山笼屋商店的味淋、关根的芝麻油、意大利托斯卡纳的橄榄油、法国波迪尔(Bordier)的发酵黄油、祇园村田的炒芝麻。

第五节　需要储存的应急物品

如果购买的东西规格不对，或者发生了计划外的事情，那就要想办法避免恐慌。这就要求我们备一些应急的东西，不是配合菜谱采购的食材，而是有了它们就能够制作某种食物的方便快捷的食材。

这在发生灾害的时候也能助解一时之困。

现今，我们仍需提前买一些非常用食品，为此也需要关注其保质期，准备相关放置场所。虽然是非常用食品，但日常生活中遇到比较频繁使用的时候要及时更新储备。

如果了解了特殊时期的生存方法和有关储存的基本知识，那么储备好的物品就能帮助自己应急。

○水

平时我们使用自来水，这种情况下不需要塑料瓶，但是遇到紧急情况就不行了。因此，平时就需要储备 2～4 升的净化水。为此，提前买一些塑料瓶会比较妥当。要是把自来水放进瓶中储存，在冰箱中存放一般可以放两周，常温放置三天就要更换。

○好吃且耐储存的东西

既然勉强吃一些即食却并不好吃的东西对身体未必有益，就应该深入思考当遇到灾害或难以买到东西时，哪些食物既可以在日常使用又能备不时之需。

比如罐头类、干货类就很耐存放，平时也可以吃。

罐头类：金枪鱼罐头、沙丁鱼罐头、贝类罐头、番茄罐头、番茄酱罐头。

干货类：烤面筋、小熟干鱼、干虾、小杂鱼、梅干、坚果（花生、核桃、杏仁等）。

袋装食品：袋装煮豆、饼干，袋装饭。

第四章

食材的保存与处理

买回的食材尽快处理

有种观点认为每天都去买一次食材，然后把买来的食材都做成饭菜吃掉，这样"超市和食品店就相当于我们家的电冰箱"。可是仔细一想，如果不买食材而是买一些做好的熟食，既可以节约时间，省掉电费、燃料费，还不用担心食材剩余，岂不更加经济又便捷？

要想一周只买一次东西，那就要养成习惯，在买入食材的当天就将其处理好。

若要不浪费买好的食材，同时也能缩短每天做饭的时间，让做饭变得更轻松，就要把食材蒸一蒸，煮一煮，使其能方便使用。有一些食材甚至只需简单处理，就能实现营养和美味兼具。

因此要养成把食材适当处理后放入冰箱的习惯。即便剩余一些，下次还能使用，也无须丢弃，无须担忧要处理冰箱里的残剩食材。购买当天就马上处理很关键，因此可以

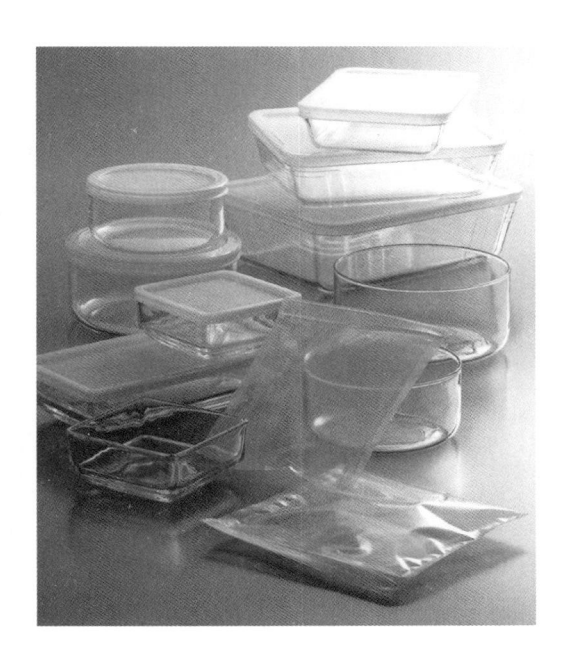

把自己有时间处理食材的那一天设定为食材购买日。

第一节　原封不动保存法

要想冷藏保存蔬菜就得将其放入蔬菜库，使其保持田间生长的状态。放置时，也要保持其原来的生长方向。

即便是洗过的蔬菜，其生命力依然没有止息。比如会长叶子，会生出根系。如果把蔬菜暂存在蔬菜库而没有终止其生长，那么该蔬菜的营养价值就会流失。如果置之不理，不仅影响蔬菜的新鲜度，还会流失营养。

对此，有人认为干脆吃多少买多少，但须知蔬菜是一种含水量很高的食材。为了让食材看起来水嫩新鲜或可以立即使用，店里都会给蔬菜喷一些水。家里使用净水或自来水喷，那店里给蔬菜喷洒的是什么水呢？我一直对此存有疑问。

刚买的食材不能放心用。自己应尽快处理，保持食材干净。让它们成为"自家的孩子"，就会放心许多。

如果买肉的话最好买一块，这样便于保存。搅碎的肉容易坏，最好购买的当天就吃掉。肉类易坏的顺序，一般是鸡肉、猪肉、牛肉，因为接触空气容易氧化，因此最好密封保存。

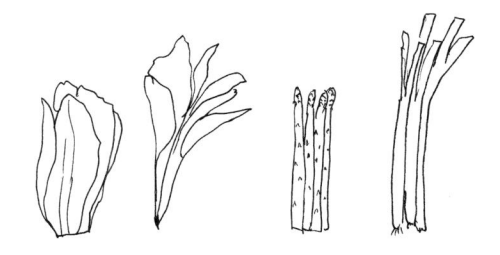

第二节　处理后保存

处理食材的基本做法，不仅处理此次要用的部分，然后把剩下的部分冷藏保存，而且要养成习惯，将所有食材都处理好，便于下次使用。

〇清洗后保存

用干净的水冲洗。叶菜即便没有泥沙等杂质，也要充分洗干净。尽可能多换水。

〇不清洗保存

◎蘑菇类

不清洗，只清理表面灰尘。保留原样大小，或者根据具体种类用手撕成便于使用的大小，然后在日光下晒干后冷冻。秋冬过渡时期天气干燥，即便没晒好就冷冻，也比刚买来就食用更美味，营养价值也更高。

◎土豆

使用之前不要清洗，放在冰箱中保存，保持干燥不发芽。

◎芋头

不用清洗，常温保存。如果要做拼盘，可以去皮后做成方块。如果要炖菜或者要放入汤里的话，那就可以先带皮蒸，然后整体去皮。

○蒸煮后保存

◎土豆、红薯、胡萝卜、牛蒡、莲藕、萝卜、芜菁等根茎类蔬菜，还有西蓝花、洋葱、南瓜等

带皮清洗干净，低温蒸，蒸好后冷藏或冷冻都可以。

◎冬天的叶类蔬菜、白菜、甘蓝

高温蒸一会儿，不让其变成黄色。因为直接冷冻太大，所以只将当天用不了的部分蒸一下冷冻即可。吃火锅时剩下的蔬菜，也可照此解决。

◎葱

作为配料切细冷冻较好，不过切好蒸一下再冻更方便使用。

○切碎保存

用不完的蔬菜不要放在蔬菜库,而应该切碎后放入冰箱保存。冷冻保存的关键,是分成小份摊薄密封。不用解冻就能使用。

◎洋葱

切成末再冷冻的话拿来做洋葱饼很方便,直接食用,味道也很好。胡萝卜、芹菜也一样,切碎冷冻,很方便做成饼食用。

◎青椒或彩椒

切细后冷冻。

◎欧芹

叶子切碎,茎可以当作法国香草束(香草的一种)冷冻起来。

◎萝卜叶、芜菁叶

洗干净后切碎蒸好,分成小份再冷冻。加入煮饭用的汤汁、酱油,撒上鲣鱼花、海带碎当小菜吃。

◎根菜类

切成细丝,晒干或冷冻。牛蒡细丝有很

多用途，例如用来制作金平牛蒡[1]。胡萝卜丝或姜丝用热水浸泡，汤可当茶饮，细丝捞出可当作金平菜或天妇罗的配料。

○不要扔皮或者茎

◎萝卜皮

切细晾晒之后，可以用干细的萝卜丝煮汤。

◎西蓝花和甘蓝的茎芯

蒸了主体部分后，茎芯部分不要扔，冷冻起来，积攒一些后做汤（可参考本书97页）。

---

[1] 金平牛蒡，日本家庭中最常见的传统家常菜。"金平"是日本料理的一种制作方式，指用酱油、味淋、砂糖等来煮根茎类蔬菜，一般是先炒后煮，保留蔬菜的爽脆口感。

菌菇类要晾干，然后冷冻保存。把口蘑、灰树花菌散开，把香菇的柄和伞撕开，把伞的内侧晾干。把蘑菇散开，使其完全干燥，然后切细去煮，冷却后放入搅拌机中，最后用小方冰块冷冻。

第三节　自制加工食品的保存方法

不管是剩下的食材还是刚买的食材，都有相关方法可以将其加工。这就是自制加工食品。这些食品可以即食，也可以保存到第二天食用。

○醋腌洋葱、醋腌蘘荷

将食材切成薄片，放置 15~20 分钟，加入醋、盐和蜂蜜之后可以直接食用。

○盐腌裙带菜

把干裙带菜用水泡发，切成适当大小。在其变黏之前放入少许醋煮好放凉。如果放入瓶子冷藏的话，可以直接用来搭配沙拉或腌黄瓜食用。

○甜醋腌制品

把切成片的芜菁、莲藕、新生姜和切碎的白菜心用甜醋腌制（甜醋做法参考本书 93 页）。

○做汤

把切碎的洋葱、欧芹、胡萝卜按顺序

用橄榄油炒、炖。冷冻后，可用于做汤汁或意大利面汤。把上述每种切碎的蔬菜分别冷冻。当然直接食用味道更佳。

○**腌罗勒**

把甜罗勒切碎加入橄榄油，然后再加入番茄酱，使其带上一点盐味和香味。吃意大利面时，这道菜不可或缺。

○**清汤**

做其他菜时剩下的洋葱、胡萝卜皮，还有掐掉的欧芹茎不要丢掉，加点盐，然后放入制冰器里面冷冻，做成冷冻冰块。急用时提前放入冷藏室也可以。

第四节　半成品的保存方法

把食材加工成半成品后冷藏或冷冻，可以广泛地用于各种菜肴，十分便利。只要稍微升温、加热或者加入一点配料就能成为一道家常菜，吃起来既简单放心又美味可口。

有的食品冷冻可以保存一个月，但是一般在两周内食用完比较妥当。

〇自制腌鱼块

先给鱼块撒上盐，放置 5 分钟左右控出水分。

如果用酒粕腌制，就是将酒粕、白味噌、味淋搅拌均匀后倒入用纱布包好的鱼块之中，然后再放入冰箱冷藏一周左右。

如果是用味噌腌制，那就将自己喜欢的味噌、味淋、白糖、白酒等调味料搅拌均匀后倒入用纱布包好的鱼块之中，然后再放入冰箱冷藏一周左右。此外，味噌腌制猪肉（用 1 厘米厚的大块）也很好吃。

味道会因为腌制时间长短发生变化，因

此可以根据自己的口味选择品尝时间。

○**炖菜**

把蔬菜（胡萝卜、洋葱、欧芹）和牛肉放入高压锅和番茄一起煮，冷冻后保存。每次食用前加入不同的材料就会做出咖喱（加入香料再煮）、意大利面酱（和意大利面一起拌）、罗宋汤（加入甜菜根和酸味奶油）等不同美味。

○**蒸煮菜肴**

把牛肉块（腰部肉）连同配菜一起放入高压锅煮熟，切片，将肉和汤分别冷冻。解冻之后肉和汤一起煮，就做成了一道奥地利蒸煮美食。

○**番茄酱**

夏天常用熟番茄来做。

把洋葱切碎，放置15～20分钟来提升营养价值。把橄榄油倒入平底锅，然后放入洋葱充分炒熟，再放入番茄，接着放入盐、胡椒和白糖，把水煮干。

做好的番茄酱可以直接食用。如果用橄

榄油炒大蒜、五花肉（培根也可以），再放入番茄酱，就成了意大利面酱。当然，也可以加入贝类和虾，做成海鲜酱。

○肉末酱汁

把牛肉末散开，低温炒制，然后倒入红酒，加入上面提到的番茄酱，再加上用橄榄油炒的切好的香菇和胡萝卜，继续炒。最后，放入少许辣酱油调味。

此外，肉可以不直接保存，而是稍作加工，比如猪肉上涂点味噌和酱油，鸡肉用酒蒸，牛肉涂上酒，等等。将其都做成半成品储存，这样在烧烤时，就能作为主食材。

第五章

做菜时间到了

招牌菜最好吃

下面,我们进入做饭时间。让我们把储存好的食材搭配起来,做一餐简单又美味的菜肴吧。这里的关键是要先把自己家的招牌菜定下来,然后根据季节变化调整食材。

每天做菜的时候,不同的菜品让人耳目一新,更容易让家人感到欢喜。对此,我们不妨挑战同一食材的不同烹饪方法。

我们看电视上的美食节目中,试吃的人都说好吃,而做菜的人也手艺高超,看得我们也跃跃欲试。不过,擅长做菜的家庭主妇只要看一眼,就能猜到这种节目中做出的菜好不好吃,并且她们并不会特意去记菜单。

相比之下,她们更关注其中的专业手法和关键点。其实把握做菜方法的基本点,才是观看美食节目的正确方式。只要看一眼就知道好不好吃,这才是做菜的行家里手。看到美食节目就觉得节目中的菜品肯定好吃,那表明尚缺修炼。

本章主要给大家讲一讲如何利用储存的食材进行烹调。

此外，本章还会介绍如何调配家常菜的味道。与市场上轻易买到的东西相比，要自己做汤汁和调料的话肯定会花些时间，不过要慢慢习惯。习惯之后，就能体会到其中的价值。这也是调配菜品的前提。

第一节　影响味道的关键点

如果说"食物是否美味的决定性因素是调味料",那么没有比市面上卖的调味料更好的了,除了咖喱的酱汁、各种调味汁、调味料,就连熬的高汤都比自己做的好吃得多,因此谁都会觉得市售调味料美味又方便。但是,把重要的调味交给商家真的好吗?

接下来介绍制作调味料时要牢记的五个要点:切法、调味法、加热的火候、高汤、放入调味料的顺序及时间。

○**切法**

调味是从切法开始的,很多时候,最初的切法决定其入味程度。后面还会介绍菜刀的种类。

各种各样的切法

切成圆片

切白萝卜、胡萝卜以及其他球形蔬菜，如洋葱、柠檬、芜菁等，使其切口呈圆形的切法。炖菜的时候，为了入味均匀，即使蔬菜头部和尾部的粗细不同，也要切得薄厚一致。

切成月牙

如果切成圆片太大了，就把圆片对半切。即切成适当的长度后，竖着切成两半，然后切口朝下，再切成同样的厚度，以便更容易与其他食材融合或保持相同的厚度。切得越薄越容易熟。

切成银杏叶状

在月牙片的基础上再切成两半,大小是圆片的四分之一。

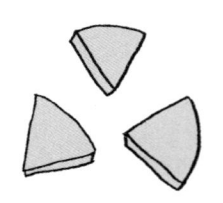

切成斜片

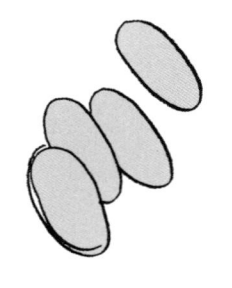

这种方法是将黄瓜、牛蒡、大葱等细长的食材切成斜片,从而增大表面积,让食材得到更充分的加热。嫌黄瓜切成丁太小时,就可以用这种切法。

切成丁

将小葱、细香葱等切成圆形。通常是把此类食材切薄后当成作料。

切成段

先切成 1 厘米左右厚度的长条,然后切成段。

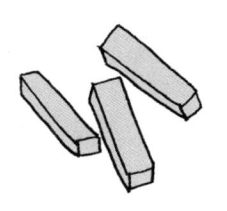

切成长条

切成细长的长方形薄片。例如,将胡萝卜、白萝卜等先切成 5 厘米厚的圆片,然后将切口向上竖切成 1 厘米宽,接着将切好的面平铺,再切成薄片。

切成丝

切成厚约 2~3 毫米、长约 5 厘米的形状,顺着食材纤维的方向切。

切成细丝

比上述切丝切得更细的一种方法。如要处理白葱等食材时，先将其切成 5 厘米长的段，再去掉中间的芯，平铺后顺着纤维的方向切成细丝。

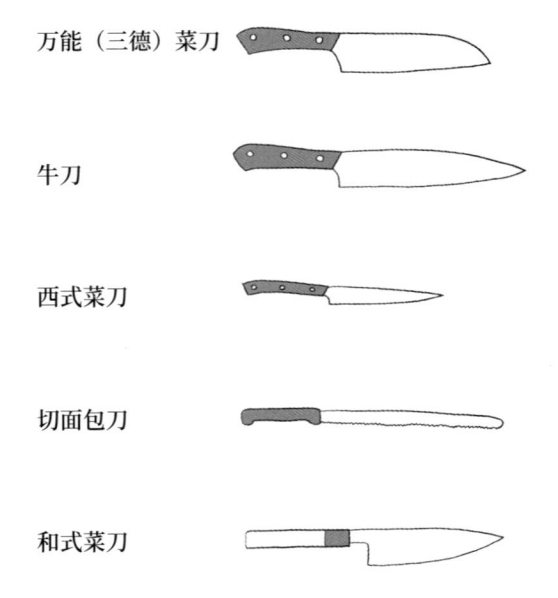

万能（三德）菜刀

牛刀

西式菜刀

切面包刀

和式菜刀

切菜刀

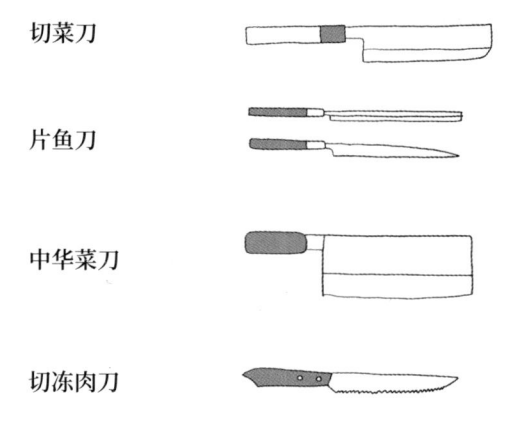

片鱼刀

中华菜刀

切冻肉刀

○调味法

为了提升食材的口感,调味非常重要,可以用盐和胡椒调味,以突出原材料的味道;也可以用葡萄酒、清酒、陈年黄酒等调味,去除腥味,增加风味。

○加热的火候

要让食材入味,使其呈现美味的状态,就要掌握加热的时间和火候。火候分为大火、中火、小火、文火四种,烹饪时,锅里的水煮至沸腾为止都是用大火,之后用中火,最后调味阶段一般用小火。

使用平底锅等烹调时，开大火会有烧焦的风险，因此需要将平底锅远离火源或调整火力。不论是煮锅还是平底锅，在关火后都会有余热，借着余热也能继续加热食材。在烹制煮物时，食材在余热慢慢冷却的过程中，也能入味。

○**高汤**

高汤是做出美味的基础，有了高汤，就可以放心地制作简单的菜肴。

◎日式高汤

西餐通常通过加入调料和香料来营造出浓郁的肉和鱼的味道，而日式料理则通常从整体出发，先减去肉和鱼的味道再考虑加入适量的高汤。这种烹饪理念旨在更好地发挥原材料的味道。

鲣鱼高汤：准备4杯水和1片海带（10平方厘米），将海带放入锅中，加入水，用中火以下的火候加热，煮至即将烧开时捞出海带，接着放入削好的20克鲣鱼片，轻轻地把鲣鱼片散开，此时不要开大火煮，待其沉入锅底，关火，去除浮沫，过滤。这是头茬汤。往头茬汤里加水后开火加热，此时汤的味道还很淡，需要再加入海带和鲣鱼片，用中火一起煮开后，撇去浮沫，用纱布过滤，并挤出二茬汤汁（头茬汤不用挤）。

小鱼干高汤：用 4 杯水浸泡 100 克小鱼干（去头和内脏），浸泡出鲜味。早上要喝的话，最好在前一天晚上提前浸泡。泡好后煮 5 分钟左右即可。如果没有提前泡，需加水小火煮 10 分钟以上。其中的鱼干不要倒掉，淋上酱油、味淋，就是一道小菜。

海带高汤：在 1 升水里加入 15 平方厘米的海带，浸泡 1 小时以上即可制作出高汤，煮的话加热 3～5 分钟即可。在煮寿司米饭或制作日式火锅底料时，可以直接放入海带。煮干香菇时，也可以将海带一起放入。

觉得做高汤麻烦的人，可以事先把做高汤的食材（小鱼干、鲣鱼、海带、虾、扇贝、香菇等）磨成粉末储存使用。虾、扇贝、香菇等食材本身是干燥的，可以进一步在微波炉中干燥并磨成粉末装入瓶中保存。

制作高汤的话,按照前面所述即可,不过在此基础上,制作出加入酱油和味淋的八方高汤(高汤、酱油、味淋的比例为 8:1:1)会更方便。放入冰箱可以保存一周左右,在此期间食用完最佳。除了煮菜之外,还可以用来调味或做面汤。

海带可以在放入鲣鱼之前或过滤之后捞出,然后在做好的八方高汤里烹煮,就可以做出海带佃煮[1]了。不要把过滤剩下的食材扔掉,应在日常饮食中合理利用起来。

◎西式高汤

鸡骨高汤和蔬菜高汤等做好后,放入制冰模具里冷冻保存。

鸡骨高汤:先用热水将鸡骨头冲洗除去腥味,然后放入水中煮沸,沸腾后转小火(90℃)煮制出高汤。食材比例是 600 克鸡

---

[1] 佃煮,在小鱼和贝类的肉、海藻等海草中加入酱油、调味酱、糖等一起炖煮的东西。

骨或鸡翅需要用 1 升水。想要制作日式风味时，加入干香菇和海带即可；如果是制作西式口味，则加入香菜、西芹、胡萝卜等蔬菜碎末，也可以加香草。

牛肉高汤：将水、盐、牛腱肉、胡萝卜、洋葱、香菜和西芹叶放入深锅中煮开，多次去除浮沫，从中火转小火，炖至肉熟烂，过滤，牛肉高汤就制作完成了。

金针菇高汤 / 蔬菜高汤：提前做好并冷冻。（请参考本书 72 页清汤做法）

在家里烹饪，味道并不会每次都相同，这也是其魅力所在。不想出现大的失误，计算出准确的分量非常重要，当然也需要一定程度的估量。

○放入调味料的顺序及时间

调味料的"糖盐醋油味"是指糖 / 酒、盐、醋、酱油、味噌。为了上色，味淋有时最后加，有时和酒一样在开始阶段加入。如果后加糖，则不会渗透进甜味。酱油和味噌最后加入，以保持食物风味。先放盐会限制糖发挥功效。煮的时候加盐会使水沸腾得更快，并且盐也能激发出食材本身的味道。

◎咖喱调味料

你可能认为用市面上卖的美味咖喱粉做咖喱比较方便，但其实混合各种香料来调配咖喱粉也很有趣。（常用的香料有：姜黄粉、小豆蔻、辣椒粉、黑胡椒粉、香菜、桂皮、咖喱叶、孜然、香辛混合料、丁香、姜、月桂叶等）。

◎凉拌菜和蒸菜的调味料

盐、胡椒再加上香醋、醋、柠檬中的任意一种，与橄榄油搭配，就足够了。两种以上的醋混合后，酸味会变得柔和。

◎蛋黄酱

将1个蛋黄、1大匙醋、2/3小匙盐、少许胡椒粉和芥末充分混合，然后加入1杯油，一边少量地加一边搅拌均匀就可以了。步骤很简单，即做即用就可以了。或者准备一周左右就能用完的分量，制作起来也并不麻烦，但不要一次做得太多，毕竟新鲜的味道更好。

◎日式、西式、中式调味料

日式、西式、中式菜肴的区别，除了体现在配菜上，在调味料的使用上也有不同。日式菜肴，酱油和味噌能以简单的方式突出食物风味。西式菜肴，往往会用到黄油、橄榄油、胡椒盐以及罗勒、迷迭香、牛至、百里香等香料。而中式菜肴，也会使用芝麻油、味淋、生姜、山椒、葱等来体现派系特色。

◎酒粕和酒曲等调味料

用酒粕和酒曲等发酵食品制造出美味。

将酒酿（水200毫升、酒粕200克、红醋75毫升、红糖75克）煮沸放入炖菜中，味道会更好。使用后请冷藏保存。

在咖喱等食物中加入酸奶可以使味道更浓厚。

手工制作调料

◎梅子酱

用盐水浸泡梅子，再除去盐分，加入蜂

蜜和味淋，用小火熬煮。

◎柚子味噌

将切成丁的柚子皮和柚子汁一起加入白味噌中，再放入蜂蜜用小火煮，然后加醋和味淋提鲜。可以用来拌蔬菜或搭配天然奶酪一起食用。

◎醋味噌

将白味噌、醋、蜂蜜、味淋、盐和辣椒混合，用小火熬煮。搭配葱、贝柱、贝类、春季蔬菜等食用。

◎芝麻味噌

用臼将芝麻磨碎后，放入锅内，加入味噌、醋、蜂蜜、味淋，用小火熬制。搭配油炸蔬菜和田乐烧[1]食用。

◎芝麻酱油

将黑芝麻磨碎，与蜂蜜、味淋、高汤混合。可作为绿叶菜、扁豆、牛蒡等的蘸料。

1　田乐烧是日本传统料理之一，制作方法是在食材上涂抹味噌后烧烤。

◎三杯醋

将醋、蜂蜜、酱油、盐加入水中,充分搅拌。可与海鲜类、蔬菜搭配食用。

◎甜醋

将醋、蜂蜜、盐混合即可。中式口味再加入芝麻油、姜、干小米辣;日式口味则加入味淋、海带;西式口味加入月桂叶、葛缕子、莳萝和胡椒。

◎寿司醋

将醋、糖、盐按 3∶2∶0.5 的比例倒入锅中小火加热,用木勺搅拌至其融化。冷却后放入瓶中备用。做寿司饭时,将其加入刚煮好的白米中,用勺子充分搅拌后扇风冷却。

◎土佐酱油

将酱油、味淋、厚切鲣鱼放入瓶中冷藏保存。

◎海带酱油

将酱油、盐、海带混合即可。因其带有淡淡的海带味,可作为食用白身鱼刺身时的酱油蘸料。

◎甜味酱油

将砂糖、味淋、酱油混合即可。作为鲜味食材的调味料,可用于土豆炖肉、煮鲭鱼等。

◎山椒味噌

将山椒的嫩叶、煮过的捣成泥的菠菜叶以及白味噌、味淋、蜂蜜、芝麻酱、盐、酒、酱油等混合搅拌均匀。可与竹笋、独活(山菜)、墨鱼等搭配食用。

◎肉味噌

用味噌、砂糖、酒、生姜炖排骨制成。可以铺在豆腐上,也可作为炒蔬菜的调味料。

◎白芝麻豆腐泥

木棉豆腐沥水后,再用纱布挤出剩余水分,与芝麻、盐、酒、蜂蜜、高汤等材料混合(加入花生酱会更香)。可与胡萝卜、蕨菜、香菇、魔芋、羊栖菜等搭配食用。

◎茄子糊

将茄子烤熟，去除茄子皮后（不要放入烤硬的茄子皮）再切成碎末，加入蒜末、少许盐、葡萄醋和橄榄油，搅拌成糊状即可。可作为蘸料食用，也可搭配肉类食用。

◎罗勒青酱

将罗勒、松子、大蒜、橄榄油搅成糊状。可作为意大利面用的酱汁等。

◎意式蔬菜蘸料

先用牛奶煮大蒜汁，再加入凤尾鱼捣烂，最后倒入橄榄油，小火加热即可。可作为蒸蔬菜、生蚝肉的蘸料。

◎凤尾鱼酱

将凤尾鱼、番茄酱、红辣椒加入橄榄油搅成糊状。可作为海鲜类的酱汁、意面的调味料。

第二节　主菜可用自制储存食材来做

如果改变一下自制的半成品食材的味道和食用方法，就会做出很多花样来。还是常买的那些食材，根据习惯简单进行粗加工，然后将存储下来的这些半成品根据需要调整烹饪方法，制成美味。

相同的菜品吃腻的时候，随着季节的变化，有了其他时令菜，就可以将这些菜再做成存储食品。这样，就没有了吃腻的烦恼。

做招牌菜，首先要从主菜开始考虑。肉、鱼、蛋等是富含蛋白质的食品。当然，豆腐、大豆等植物蛋白我们也常吃，但我们通常会将其作为配菜而非主菜，要不然就会形成主菜和配菜"竞争"的场面。蔬菜和发酵食品也一样，如何才能让营养最大化，这才是关键点。不同配菜组合，能成就豪华的美味佳肴。

接下来，我们介绍几道主菜。其中，汤类、水煮菜、炖菜等，都是营养均衡的好菜。

○白汤

用鳕鱼等白肉鱼类做成的汤。冬季，这种浓稠的鱼汤能温暖身体。

将切好的洋葱用橄榄油炒好，除了鳕鱼之外还要放入蘑菇、花椰菜、土豆（如果有蒸好的，那更方便）、牛奶、高脂浓奶油等。如果没有高脂浓奶油，也可以用蓝纹奶酪。无论是做成浓汤，还是只用蔬菜和鱼肉做汤，都可以根据自己的喜好来调整。

如果要用西蓝花做汤，那就将切好的西蓝花（用橄榄油炒后）加入牛奶，用搅拌器拌匀，再加入乳酪，升温后撒点荷兰芹。西蓝花做的汤，夏季冷藏后食用味道更好。

○浓汤

既有充足的蔬菜又有肉类，这种搭配就像火锅一样，冬天必不可少。

把汤的味道调好的话，第二天就可以加点碎面包片或荷兰芹。浓汤不管是直接用来做咖喱，还是用来做炖菜，都可以使用。冬天可以做一大锅，这样用起来更方便。

把胡萝卜、洋葱、芹菜、土豆、芜菁、甘蓝、香肠以及牛腿肉都切成适合的大小。将肉炒至表面焦黄后，倒入肉汤和水，煮大约2小时。煮的时候不要让它咕嘟咕嘟沸腾，而要慢炖，同时捞取浮沫，当肉变软后再放入蔬菜，蔬菜熟透就可以出锅了。

○**炖牛肉**

本书74页介绍了炖好的半成品，然后再用这种半成品的牛肉块和蔬菜一起炖就可以了。肉要切好冷冻，肉汤和蔬菜要分开冷冻，用的时候加温就能做成主菜。

○**咖喱**

作为一年中的必吃美味，最好不要用市售的咖喱酱，而是用浓汤或炖肉添加香料自制的咖喱酱。冬天时吃上一顿热腾腾的咖喱乌冬面，真是畅快。

○**烤鱼**

烤鱼是日餐中的必备美味。鱼可以做成冷冻鱼块的盐烧、照烧，还可以用小火将用酒粕或味噌简单腌制好的鱼块在平底锅里煎熟后再吃。

如果用烤鱼做主菜，那么就可以配麦饭、豆饭、五目饭等这些储存好的食品。凉拌菜可以用应季的叶类蔬菜，然后加入自制的芝麻油、鲣节和酱油等。就算是配菜较多的日餐，这时候也不需要那么麻烦，而西餐和中餐，则可以考虑尽量放在一个盘子里，收拾起来也方便。

○巧用番茄酱

自制的番茄酱（本书74页）加入肉末，再加上咖喱粉，就能用来做咖喱炒饭。如果配合榨菜、木耳、青椒丝和豆瓣酱，那就是中国菜。在番茄酱中加入虾和土豆泥，就成了配意大利面的海鲜酱料。如果有酱料的话，意大利面很快就能做好。

○天妇罗

做天妇罗可能对火候和锅的要求比较高，所以不是非得做出店里的那种品相，主要考虑如何将食材做出好的味道就可以。

春天的蔬菜（如芥菜花、楤木芽、蜂斗

菜的花茎、食用土当归等）都有些苦味，因此用来做天妇罗最合适。要想把蔬菜做出美味，那就去大胆尝试，不要怕失败。如果不太熟练的话，先做出个炸虾大碗盖饭也是一道美味。

○日式土豆炖牛肉

这是一道家常菜。用油将牛肉、土豆、洋葱、胡萝卜、魔芋丝炒一炒，然后放入酱油、白糖和味淋继续煮。如果有蒸蔬菜之类的常备存储菜，那么很快就能做好。将魔芋丝过水之后，在做豆腐渣时也能派上用场。

○猪肉酱汤

放入大量根菜，然后再放猪肉。因为食材很多，这样操作就足够了。可以做多一些，反复多炖几次味道更好。最好用小木碗品尝其味其汁。在大碗猪肉酱汤中放入面条或者饼子，也能成为一道上好的主菜。

将香菇（菌菇类）、牛蒡、芋头、魔芋、胡萝卜、莲藕、猪五花肉、豆腐用芝麻油炒制，然后加入水，一边煮一边去浮沫。关火之后加入味噌。如果加点酒粕，味道更好。

　　味道一般会随着煮制时间的增加不断渗入食材之中，从而变得更加味美。如果将制作猪肉酱汤的根菜都切成同样大小，那么熟起来会比较平均。

　　要是再放入些切好的洋葱、七味粉和柚子皮，味道更佳。

第三节　配菜主要用常备菜[1]来做

配菜是主菜的重要补充,以此来调节只吃主菜可能产生的营养不均衡问题。从外观来说,配菜和主菜互相衬托,看起来更加美味。

在家里做菜,最好是一盘菜或一道菜就尽可能满足营养均衡、美味可口的需求。您只要把这一个菜的调味发挥到极致就行了,之后的清理工作也简单轻松,只需洗一个盘子。

与之相比,做多道菜或者搭配多道菜,也别有一番乐趣。如果必须做多道菜也没有必要感到有压力,只要轻松地将常备菜做成配菜就可以。

做好主菜,并以配菜平衡营养,这样既方便又美味。

1　常备菜:日本人说的常备菜,指"预先做好备用的配菜"。平时准备好,吃的时候只需装盘就可以了。常备菜保存期一般冷藏2~3天,冷冻约2周。

○蔬菜杂烩（普罗旺斯杂烩）

这是一种夏季常备彩虹食谱，能让人精神满满。

在锅里倒入大蒜、青葱、洋葱，用橄榄油炒热，然后把切好的蔬菜（彩椒、茄子、胡萝卜、番茄、芹菜、西葫芦以及自己喜欢的菌菇）放进去炒。接下来再加入罗勒、百里香、月桂叶、白酒、蔬菜汤继续煮。当所有食材都煮好后，放入盐、胡椒调味。

○西西里酸甜炖蔬菜

用橄榄油把茄子炸好,然后和用橄榄油炸好的洋葱、芹菜、番茄、驴蹄草拌在一起,接下来加入白葡萄酒后稍微煮一会儿,最后加入白糖、盐调味,配上罗勒。

○炸浸茄子

这是一盘夏秋之交的代表性日本菜。把茄子对半切开,不裹面衣直接油炸,然后放入切碎的生姜和七味粉,浇上高汤。

○蒸煮蔬菜

将胡萝卜、西蓝花蒸好冷藏,用的时候就可以随时当作配菜。菠菜、油菜花、芥菜花、芦笋、洋葱等煮过后营养价值不会流失,因此可以煮后食用。

○蔬菜奶油冻

将蒸好的蔬菜用搅拌机搅拌成糊状,然后加入土豆泥,使其适当变软。之后,加入食用明胶和生奶油使其变润滑。最后,放入菠菜、红辣椒和牛油果点缀色彩。如果是三月三桃花节的话,那么可以点缀上洋葱和三文鱼，以粉红色增加柔和感。

○萝卜饼

将萝卜泥和糯米面混合在一起拌匀，做出造型，然后用芝麻油烧制，最后浇点酱油就可食用。相较常备菜，这种食品做起来更简单快捷。

○土豆泥

准备两个蒸好的土豆、100毫升牛奶、10克黄油、15克帕马森·雷加诺干酪和少许盐，调拌柔滑。也可将其和蔬菜奶油冻混合起来。

○煮蔬菜

关东煮虽然可选用的食材多，但有了萝卜、鱼糕油和豆腐块，就能简单做出来。将萝卜蒸过之后再煮，不仅入味，而且绵软。

胡萝卜、牛蒡、莲藕、南瓜、红薯等蒸过之后，会产生别样的风味。

春天还可以煮点蜂斗菜，做成蔬菜拼盘。

◎日式煮芋头

把芋头蒸好去皮，然后将汤汁、酱油、

味淋搅拌均匀浇在表面即可。

◎煮葫芦干、香菇干

将葫芦干入水，用盐洗干净，然后加入红糖、蜂蜜、汤汁、味淋、酱油煮软。将香菇干入水，用海带汤和甜味酱油煮好。

做好之后不仅可当成小菜，还可以当成制作海苔卷和什锦寿司的常备菜。当然，做成蔬菜拼盘也可以。

◎甜酱油煮油炸豆腐

将油炸豆腐过一遍开水，去除多余油脂，然后放入甜酱油和高汤去煮。这样，既可以配面条吃，还可以用来做稻荷寿司（米饭里加入胡萝卜、煮好的葫芦干、香菇干等，撒上芝麻，再用煮过的油炸豆腐包裹住）。

◎煮魔芋

将魔芋用盐水洗干净，为了好入味，可以将魔芋用手掰开，也可以用碗沿切开。用少许水煮，然后放入高汤再煮（有时候会用芝麻油炒过之后再煮）。可以搭配蔬菜，加入日本胡椒和七味粉，放酱油，煮熟吃。

○炒豆腐

用芝麻油将牛肉、木棉豆腐和切好的胡萝卜、牛蒡、莲藕、香菇、生姜、魔芋丝一起炒，然后加入味淋和酱油调味。

○炒豆腐渣

羊栖菜、胡萝卜、牛蒡、香菇、葱等蔬菜切细后炒一炒，炒出味后加入小沙丁鱼、魔芋丝和豆腐渣再煎炒，之后放入白糖、酒、酱油和汤汁。最后，将其和生鸡蛋拌在一起。做好之后，当日餐的配菜也很合适。

○豆腐

夏季吃凉豆腐，冬季吃汤豆腐，这样搭配最好。凉豆腐要在作料（鱼粉、拌紫菜和葱）上下功夫。做汤豆腐则要在汤上下功夫。

○煮豆

将煮熟的大豆和切成骰子块大小的鸡肉、胡萝卜、牛蒡、魔芋、莲藕、干香菇（水发）、油炸豆腐用虾汤和海带汤去煮。然后用红糖、蜂蜜、味淋、酱油、盐调味。当然，也可用黑豆代替黄豆。黑豆不仅可以在新春做，还可以作为平日的常备菜。甜煮黑豆堪称最可口的一道小菜。

○烘豆

在番茄酱中加入煮好的白扁豆，然后倒入橄榄油和番茄汁调味。这么做出来不仅可以搭配早餐或晚餐的面包和鸡蛋，还可以当成配菜端上来。

○鹰嘴豆丸子

把鹰嘴豆煮好捣碎，放入香料、盐和胡椒调味，然后撒上面粉，做成丸子之后煎炸。中东和近东地区称之为"法拉费"（Farafel），颇有人气。

○炒蘑菇

用橄榄油、芝麻油和海带汤将之前处理好冷冻起来的香菇、口蘑、杏鲍菇、灰树花菌等直接煎煮，然后用酱油和味淋调味。无论是配米饭，还是作为意大利面或意大利式肉汁烩饭的配菜都可以。

○醋拌凉菜

将自制的醋拌裙带菜和切片的黄瓜一起搭配就可以食用。

○西瓜泡菜

西瓜的中心位置很甜,因此可以直接食用。其余部分甜度较低,煮熟之后可以用来做西瓜酱。而贴近瓜皮的白色部分则可以做成泡菜。取适量水、白糖、盐、醋,然后加入辣椒、茴香、黑胡椒、月桂叶等,用来催生泡菜汁。

○甜菜泡菜

把甜菜切薄片,加入水、白糖、醋、橄榄油煮软。这是一种外观漂亮的泡菜,因此切的时候不要粘上其他东西。

○自制香松

把鲣鱼、海带、松子、生姜加在一起,切碎后加入酱油和味淋再煮。煮成容易散落的样子,用起来更方便。

花椒味小杂鱼香松是将小沙丁鱼用酱油、味淋和花椒一起煮。煮的时候要目不转睛，谨防煮焦。

○芜菁叶和萝卜叶

把芜菁叶和萝卜叶洗干净后切好，蒸熟后分成小份冷冻，届时可以拌饭，也可以加入鱼粉拌紫菜，用芝麻油炒到没有水分，可以当作小吃或者拌饭调味料。

○凉拌菜

将应季的叶菜（菠菜、油菜、芥菜花等）蒸熟，加入芝麻油或自制拌饭料、鲣节、油等，很快就做好一份凉拌菜。

○配料丰富的中华素凉面

口感、辣度、调味品的风味很重要。把秋葵、黄瓜、裙带菜、番茄、火腿、鸡柳、鸡蛋丝、天妇罗面衣、烧茄子、樱花虾、芝麻和佐味料（紫苏叶、野姜、生姜、葱）加到煮好的挂面之上就可以吃了。芝麻油有一定的甜味，可以加点醋酱油中和。

○冷汤

把蒸好的蔬菜（土豆、胡萝卜、南瓜等）捣成糊状，然后和蓝纹奶酪、洋葱一起炒，待炒出香味后倒入一杯牛奶，做好后冷却再食用。

○什锦八宝酱菜

把夏季蔬菜切细（茄子两根、萝卜10厘米长、黄瓜两根、莲藕、牛蒡、香菇等）撒上盐放1小时，然后把调料（生姜少许、水100毫升、酱油、白糖、味淋、酒、醋）拌入。搭配小蒜和泡菜一起，配咖喱饭也好吃。

第四节　用常备菜做丰盛的美食

在家里吃饭，相较于做七碟子八碗，做丰盛的一盘美食可能更加合理。无论是做多道菜，还是本来的一汤三菜变成七碟子八碗，其实都是因为之前人们在晚酌之时喜欢享受多道菜，多几盘下酒菜就很开心的习惯。

做日常饮食，应该考虑只做一道既营养又美味的菜就够了。

只做一道菜，附加一个配菜。附加配菜用常备菜来做。

无论是西餐还是中餐，用一个容器就装下了，收拾起来也轻松。

○意大利面和烩饭

如果拌面酱已经备好，那么意大利面很快就能端上桌子。烩饭要用米饭来做，所以需要花点时间，不过要是直接用蒸好的米饭，那就快捷多了。如果要用大米来做的话，那么不用洗米，用橄榄油来炒，然后加入肉汤、白葡萄酒和水进行搅拌，再加入帕马森·雷加诺干酪和适合入汤的食材。

○蔬菜杂烩（普罗旺斯杂烩）（做法参见本书103页）

可以拌入意大利面食用，也可以作为鱼或肉的酱汁。此外，如果再备一碟土豆沙拉，那就锦上添花了。

○肉末酱汁（做法参见本书75页）

肉末酱汁可以搭配意大利面或米饭，还可以加入煮胡萝卜、西蓝花等蔬菜做成的配菜里。根据季节不同，可以搭配不同的叶菜或者鱼和肉，简单装盘，就是一个配菜了。

除此之外，炒面一般会放入牛肉和大量蔬菜，炒饭一般会加入鸡蛋和蔬菜，做好之后放入一个盘中，分量十足。家里平常容易做的青椒肉丝（青椒炒牛肉）、猪肉白菜、白菜香菇、甘蓝炒牛肉（用甜味噌炒）等，任意两道菜组合，再加上裙带菜鸡蛋汤，就有了两菜一汤。

白菜或甘蓝稍微炒得久一点,其甜味就会出来,变得更加好吃。比起菜的数量,我们更应重视菜的味道。

第五节　记住不同季节的美味

季节一变，上一年做过的美味就都忘了。家常菜偶尔能做出美味，但第二次再做时，这种美味（源于新手的好运气）却不易复制。对此，我们不妨想办法让我们任何时候都能做出自己擅长且美味的饭菜，并在相应的季节能将这种水平稳定发挥出来。参考下列做法，就能拥有一份属于自己的菜单。

〇意大利烩饭和意大利面

春天

◎芦笋青豌豆烩饭（用橄榄油把洋葱条炒好后，加入焯水的芦笋和青豌豆再炒，然后放入盐和胡椒）

◎青酱意大利面（将生罗勒、松子、大蒜尽可能切碎，然后用橄榄油搅拌后加入意大利面中）

夏天

◎沙丁鱼番茄面（在面中加入洋葱、凤尾鱼酱提鲜，然后加入番茄和小沙丁鱼，放

入辣椒、盐和胡椒调拌）

秋天

◎菌菇酱意大利面（将菌菇酱和煮好的意大利面拌匀）

◎栗子烩饭（用橄榄油将切细的洋葱炒熟，然后加入栗子）

冬天

◎生蚝菠菜肉汁烩饭（把洋葱切条后用橄榄油炒，然后放入生蚝再炒，炒好后倒出，接着炒菠菜，然后加入炒好的生蚝，撒上盐和胡椒调味）

◎意大利博洛尼亚酱汁（用拉古酱调制）

○**以蔬菜为主的美味菜肴**

春天

◎米兰风味芦笋（煮好的芦笋，在上面放上煎鸡蛋，撒上盐，再加上帕马森·雷加诺干酪和橄榄油）

◎青酱和蛋黄酱拌芥菜花

夏天

◎土豆沙拉

生蚝菠菜肉汁烩饭

◎黄瓜酸奶沙拉

秋天

◎栗子饭、松茸饭（菌菇饭）

◎甘蓝蒸肉

冬天

◎白菜炒干香菇

◎炒洋葱

第六节　了解一下食材的搭配

要说哪道菜既能做起来简单又能融入大量食材，那么就属火锅了。因为其中有蔬菜、鱼类、贝类、肉、豆制品以及其他多种食材，因此味道全部凝聚到了汤汁里。那种美味，甚至会让人产生一种独享的冲动。

相比食材搭配，这种做法是通过一次性放入很多食材来实现美味的，也体现了日常饮食的便捷之处，堪称家庭聚餐和快乐饮食的典型代表。

除火锅外，如果能够通过不同食材的不同做法来发掘其中的极致美味并做出一两道菜，也可以将之定为日常菜单。

食材和食材的搭配会使美味倍增，这一点不容忽视。肉和蔬菜，鱼和蔬菜，蔬菜和蔬菜，我们要找到彼此之间的最佳搭配，然后据此来烧饭做菜，就可以使日常饮食更加简单美味。

已经做惯了的菜，还有在菜谱中找到的

新的美味组合，已经成为咖喱、汉堡、炒菜之外的我们家的常见菜。

○牛肉搭配洋葱

◎日式土豆炖牛肉（做法见本书100页）

◎夏里亚平牛排

敲打牛肉，剔除肉筋，在牛肉上面放一个捣碎了的洋葱，大概放30～180分钟。然后，在两个切碎的洋葱中加入盐和胡椒，再用黄油炒成糖色。接下来，清理掉牛肉上的洋葱，撒上盐和胡椒后用橄榄油烧制，烧好后放入盘中。在同一个平底锅中放入炒制过的洋葱，制成肉汁，浇在牛肉上。

○牛肉搭配菌菇

◎菌菇炒肉

把切薄的牛肉片和菌菇一起炒（菌菇类用橄榄油炒，然后放入盐和胡椒）。

○猪肉搭配酸甜味食材

◎糖醋里脊

把猪里脊肉、煮好的竹笋、干菌菇、胡萝卜、洋葱、菠萝、荷兰豆、青椒都切成一口大小。在肉上撒上太白粉，然后油炸。将蔬菜下锅翻炒，加入酱油、白糖、醋、汤、番茄汁。最后放入炸好的肉，再加入化开的太白粉勾芡。

○鲣鱼搭配野姜

在鲣鱼的刺身上放上切成丝的野姜和紫苏叶，然后放上滴了柠檬的酱油就好了。

○鲥鱼搭配萝卜

先将切好的鲥鱼放入热水去腥。把萝卜切成3厘米左右的环状，蒸软。用酒、味淋、酱油煮鲥鱼，汤汁要煮浓一点。煮好后取出，再在汤汁中加入水来煮萝卜。做好盛到盘子里后用切碎的柚子皮点缀。

○金枪鱼搭配葱

◎金枪鱼大葱锅

将汤汁、酱油倒进锅里，然后把3厘米大小的洋葱环放进去煮，当洋葱八分熟时再放入金枪鱼，为确保吃的时候鲜嫩，不能煮得太老。

○香肠搭配土豆

在锅里放入适量泡菜,然后加入水和白酒去煮,煮得差不多之后放进香肠和土豆(去皮,对半切开),再加入彩椒。待土豆熟透,把盐和胡椒放进去调味。最后,用叉子背把土豆压碎,和香肠、泡菜一起吃。

○鸡蛋搭配土豆

◎西班牙式煎鸡蛋卷

将土豆切成木筷子粗细的土豆条(或骰子大小的土豆丁),然后放入微波炉中使之变软,加入盐和胡椒。在平底锅中加入橄榄油并加热,再倒入加了盐和胡椒的蛋液。最后,放入土豆和去籽并切好了的番茄,摊开炒好。

○西红柿搭配洋葱

◎洋葱番茄沙拉(做法见本书50页)

○竹笋搭配裙带菜

◎若竹煮

将用米糠和朝天椒煮熟的竹笋对半切

开，然后用出汁[1]煮，再用酱油和味淋调味后盛出装盘。用剩余的汁煮裙带菜，然后放上花椒的新芽。

○油炸的食品搭配肉类、甘蓝丝

◎酱汁炸肉排盖饭（在米饭中加入炸猪排和大量甘蓝丝）

◎生姜烧猪肉

◎日式炸生蚝

1　出汁（だし汁），用于日式料理一类的汤底。基础的出汁用海带和鲣鱼花煮成。也有用海带、鲣鱼花，再加上小鱼干、干香菇、干贝柱煮成的。

第七节　蛋类可做主菜也可做配菜

有了鸡蛋就可心安,这样要么多了一个菜,要么有了一顿主食。只要没有过敏反应,鸡蛋做成的饭菜一般大家都会喜欢。无论是日餐、西餐还是中餐,鸡蛋都可以自由搭配。鸡蛋富含蛋白质,而且美味健康,是制作便餐的经典食材。

○煮鸡蛋

小孩子大都喜欢煮鸡蛋。可以配上火腿和其他食材食用,或将蛋黄酱和蛋黄拌在一起,作为餐前小吃放在正餐之前食用,如果再加点味噌或酱油,味道更好。

○煎鸡蛋饼

煎鸡蛋饼可谓早餐必备。将鸡蛋和盐一起搅拌后用黄油煎制。半熟时摊出好看的形状,然后加入番茄酱。

煎鸡蛋饼本身就很好吃,如果加入炒好的贝类、金枪鱼、虾和洋葱,还可以当主食吃。当然,加上炒好或煮好的菌菇类,也非常美味。煎鸡蛋饼里面裹入番茄味的鸡肉炒饭，也可以是一道美食。

◎西班牙式煎鸡蛋卷（做法参考本书121页）

◎煎鸡蛋

煎鸡蛋和蒸鸡蛋羹是日餐里面谁都喜欢的美食代表。不管是厚蛋烧那种带着浓郁甜点味的感觉，还是上汤煎蛋卷那种松软口感的感觉，或是放入洋葱和小沙丁鱼的煎鸡蛋，都令人垂涎。

◎蒸鸡蛋羹

鸡蛋和水的配比是一个鸡蛋配150毫升水，然后加入一大勺日本清酒、一小勺盐、一小勺酱油。搅拌后，形成蛋液。选用水发干香菇、鱼糕、虾、百合、银杏、豆皮等自己喜欢的食材放入容器，然后倒入蛋液。之后，将其转入蒸蛋器，用大火蒸3分钟，再用小火蒸10~15分钟。最后，用三叶芹点缀。

◎法式咸派和意式烘蛋派

因为涉及食材非常丰富,因此适合午餐和早午餐(brunch)。

法式咸派,在耐热盘中放上派坯子,然后铺满炒好的菠菜、培根等自己喜欢的食材,注入乳酪、蛋液、鲜奶油,然后在烤箱中烤熟。

意式烘蛋派是意大利风格的煎鸡蛋饼。将鸡蛋、奶酪粉、牛奶、盐等拌好加入食材(土豆、番茄、芦笋等)之中,然后倒入平底锅中烧制。如果再大胆地加入些面包和荞麦粉,那么分量就更足了。做得大的话,可以切开食用。

第八节　早餐可以灵活制作

每个人的家庭情况、成员构成、睡眠习惯等都不尽相同，有一种情况没考虑好就会出现问题。有人说不吃早餐对身体不好，但事实也未必如此。一日三餐，也不是理所当然的事。

每个人必不可少的，是早晚都需要喝白开水，这对任何人来说都是有益健康的好习惯。特别是早上的白开水，虽然和早餐吃什么无关，但这对于调节体温和体内环境，促进大脑清醒尤为必要。

○早餐吃好，为活动做储备

如果家里有孩子，那么不吃早餐就不切合实际了。有孩子的家庭，有必要多花些时间准备丰富的早餐，为孩子上午的活动做好能量储备。

如果喜欢日餐，那么早上就做日式料

理。其中，汤类（比如食材丰富的建长汁[1]）和米饭十分必要，而烧鱼（切开的鲑鱼）、煎鸡蛋、凉拌菜、酱菜必不可少。建长汁是先用芝麻油将白萝卜、胡萝卜、牛蒡、芋头、魔芋、豆腐等炒制，然后加上提鲜的汤汁，撒上盐、酱油、酒等做的一种汤。有时候会放味噌。放入用味噌调好的猪肉就成了肉汁汤底。也可以用粥代替米饭，这样似乎更像早餐。此外，纳豆和生鸡蛋也不可或缺，大家可根据个人喜好添加。

如果喜欢西餐，那么就可以用吐司配果酱。除了果汁和咖啡之外，也可在煎蛋、炒蛋等蛋类食物中加上香肠、火腿、培根、烘豆等，做成英式早餐。如果要做成法式早餐，那么就可以在牛角面包、奶油面包等食物中加入焦糖炼乳搭配牛奶咖啡。当然也可以折中做成美式风格，其中要么是沙拉配水

---

[1] 建长汁：日本料理中底汤的一种，是用蔬菜做的素汤，为建长寺的和尚所发明。

果，要么是燕麦片、豆乳、格兰诺拉麦片等谷物类食物搭配坚果或干果。

○把晚上到早晨的漫长时间用来排毒

一般人认为不吃早餐对身体不好，但也要考虑早上做什么活动，早上的时间是否充裕，等等。有时候相比着急忙慌地填饱肚子，还不如空腹让身体排排毒。在稍后的早午餐之前，不妨喝点白开水。早午餐时，可以吃些法式咸派或意式烘蛋派等分量和营养都比较充足的食物。

○早上用咖啡或果汁来调整

这种吃法，应该更适合早上没时间的大人们。

喜欢甜味的人，可以在早上摄入一些酸奶和果汁等糖分较高的食物以满足一天的能量摄取。此外，甜食还可以考虑换成红糖、甜菜糖、蜂蜜、低聚糖、稀少糖、枫糖浆、龙舌兰糖浆等。

◎作为早餐的果汁

香蕉 + 苹果 + 酸奶 + 蜂蜜（加入猕猴桃

和草莓，口感更加丰富）

香蕉 + 牛油果 + 酸奶 + 牛奶 + 蜂蜜

香蕉 + 蓝莓 + 酸奶 + 牛奶 + 蜂蜜

香蕉 + 胡萝卜 + 酸奶 + 牛奶 + 蜂蜜（加入黄豆粉、黑芝麻、抹茶、花椰菜等，口感更加丰富）

上述成分中，香蕉不可缺少。香蕉不仅营养丰富，而且能够增加果汁的甜味。如果香蕉皮出现黑点，那就剥掉皮，切除两端，将剩下的果肉切成片冷冻保存。解冻之后的香蕉黏糊糊的，甜味会更明显，这样用起来更方便。

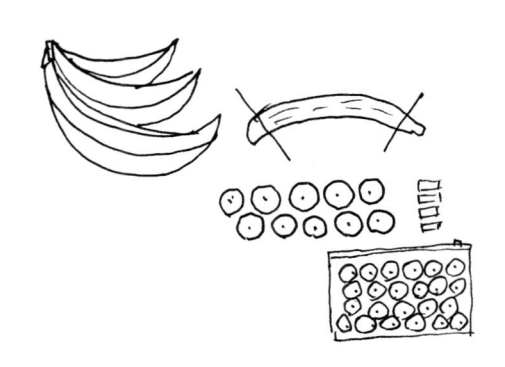

第六章

美食要搭配美器

精致的习惯可让日常生活变轻松

有人觉得注重盘子里和桌子上的艺术美感未免华而不实,但注重食物摆放有助于培养精致的生活习惯。如果食物的摆放充满美感,那么就会将大家的视线顺势吸引到餐食乃至整个餐桌上。这种做法可以为生活增光添彩。

精致不仅是对人,也是对食材和味道处理方面的有条不紊和细致用心。精致的行为是一种习惯,无论是焦急万分还是面对突发情况都会不假思索自然而然地表现出来,因此既不麻烦也不浪费时间。

如果将精致融入做饭这种创意行为的一环,那么对自身修养也大有裨益。比如可以提升味觉灵敏度,甚至会通过食物摆放大幅提升搭配方面的空间审美。

一旦培养出了良好的味觉,那么不仅可以品出食物的美味,还可以延伸到生活中为人处世的点点滴滴。

第一节　日常巧妙摆菜的要点

巧妙地摆菜，能让食物看起来好吃，是因为"好吃"这种感觉不仅和味觉有关，还有视觉的认知。虽然将食物盛得盆满钵满可以让人感觉更加丰盛，但夹起来不方便，而且带给人的视觉审美也已过时。

○餐盘留白，只盛七分满

这是摆盘的基本要点。这样一来，餐具和食物相得益彰，顿生美感。食物不要一次性放满，如果分量不够再加就可以。

○立体摆放

可以在让食物看起来有立体感和重叠感上下功夫。压成平面的东西比较难夹取，视觉上也呈现不出什么美感。

○上面点缀漂亮的东西

把有色食材放在底下，如果摆放凌乱，造型效果就会很差。对此，不妨在上面点缀些色彩鲜艳的东西。把形状不好的摆放在下面，把形状好的摆放在上面。

精致的摆设，其表现出来的视觉效果以及便于夹取、食用等方面的考量都显得尤为关键。日餐在摆放上的基本做法就是充分利用餐具，然后借助食材的颜色、形状创造出美感。西餐的餐具就是单纯的餐具，往往由调味汁扮演重要角色。

各种各样的装盘方法[1]

杉形盛放

堆叠盛放

收集盛放

混合盛放

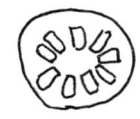

平面盛放

流水形盛放

草袋形盛放

分散盛放

---

1 详见拙著《空间设计教给你的菜品搭配法》

第二节　日常巧妙搭配的要点

餐桌上的搭配最重要的是整体风格协调统一。因此，西餐桌的协调感主要表现在餐具的整齐划一（包括形状和花纹）上面。

日本人在此基础上进行了高度发挥。具体而言，就是聚焦"主题"。这里最简单的"主题"，就是季节。通过季节来概括说明的话比较容易。其中，最典型的就是茶道中的一系列程式。食物、器具以及房间的陈设等，每一桩每一件都是一个故事。不过在日常生活中，这些就难以奢求了。

日常生活中搭配的基本要素有以下三点。

○每张桌子都要认真布置

首先，应该把整套餐具正确地放在座位前面。把相关物品一次性放好而不用调整，这是考验细心的关键之一。区分好日常使用的餐具和客用餐具，会使我们在日常生活中对待物品时自然而然地学会精致。

○每天吃饭要使用桌布

我们需要学习桌布选择、餐具选配和食物摆盘方法,提高色彩搭配方面的审美能力。如果每天都反复琢磨食物摆盘和餐桌布置,就更容易提高自己的审美修养。

○根据季节灵活选用餐具

平常日子没什么主题。我们可以做的是夏季在凉拌上下一些功夫,餐具用玻璃制品;冬季则多用木碗,使食物不易变冷。灵活选用餐具,是日本人日常精致生活的表现。冬夏之间交替使用相关餐具,一来不至于浪费,二来也能感知季节变化。

第三节　选好餐具，完善生活仪式感

最基本的餐具是白瓷。这种材质既能为食材增色，又不会让人感到审美疲劳。不带色彩花样的物件可以和日式餐具一起使用，会进一步增加自由感。相较于厚胎，薄胎更好一些，如果条件允许，品质优秀最好。

桌布、鲜花和蜡烛的颜色可以在有客到来时调整，然后在平日和招待客人时循环使用。希望大家能习惯白瓷的高贵质感。

餐具的选择，可以关注以下四点。

○浅盘两种，深盘两种

首先应该备齐的是最基本的餐具。餐具的形状可以反映使用者的喜好。如果想增加带手柄或带颜色的餐具，选择形状相同的更容易搭配。

○玻璃杯由高脚杯和平底杯两种组成

高脚杯和平底杯是最基本的配置。薄胎的晶体玻璃杯只能品尝饮料的味道。国外的一些电视剧中人们会将高脚杯像拿白兰地酒杯那样拿着,别被迷惑,要拿"高脚"的部分。手捏"高脚"不仅能体现动作之优美,还可以防止污染杯身,从而愉悦地品尝红酒的美味。

○**银质刀、叉、勺或筷子**

说起餐具,用餐和切甜点的银质小刀、叉、勺是最基本配置,需要逐渐配齐。

当然,首先得有筷子。筷子既方便拿又方便夹,除了不能切甜点之外堪称万能。用筷子时尽量尝试让手和身体保持一体。能否保持筷头干净,是能否熟练用筷子的表现。

○**饭碗、木碗、钵、深碗**

如果有日式饭菜,那么就需要饭碗、木碗、大钵、小钵。接下来餐具的选择要根据饭菜来增加。在选择时应先考虑食物摆放的美观性,而非餐具的魅力。

如果日式餐具都齐备了的话,还要配置铭皿(15厘米左右)、茶杯、茶托、茶壶、陶锅、陶勺、小碟、盐碟、角碟、长碟、大碟、有嘴酒壶、公筷、客用筷等。

午餐餐具的种类

圆盘或深圆盘	肉盘	汤盘	菜盘
280mm	240mm	215mm	230mm

蛋糕盘	面包盘	沙拉碗	拌菜碗
195mm	160mm	200mm	220mm

烤锅	汤锅	咖啡壶	白糖罐
260mm	180mm		

| | 奶缸 | 咖啡杯 | |

140

第四节　用花装点餐桌

家里鲜花不断，即使插在小花瓶里面也能释放出舒爽感。

桌布和鲜花、蜡烛的颜色需要协调搭配。鲜花代表季节，不同季节的不同花色组合能够讲述这个季节的故事。这种操作，可以轻松上手。鲜花不会碍事，因此可以在人际交往中互赠鲜花。

如果将大盘中的食物夹到自己小盘的过程中，觉得摆放在桌子中间的鲜花碍事，那么不妨将之放在桌旁或者墙边的小桌之上。鲜花不仅是日常生活的快乐源泉之一，还可以让自己带着余裕的心态感知自然。

三种插花方式

直立形

这种形状类似将圆锥体竖着切开。因为有一定高度,所以可以放在餐台或客厅的角落。上面配上轻透感好的花,中间以玫瑰、康乃馨、万寿菊、百合等为主,作为视觉焦点。

圆形

钻石形

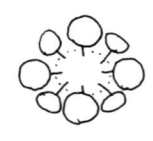

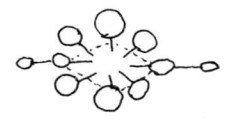

其形状从上往下看呈圆形。从四面八方看都很美观,因此最适合放在圆桌的中间。

其形状从上往下看呈菱形。和圆形一样从四周看都赏心悦目,因此适合摆在角桌上。

第五节　饭桌交流增进彼此情感

家庭内部的快乐源于一日三餐，以纪念日最有代表性。有人主张尽量在外就餐，理由是外面那些家常菜馆可以根据不同人的喜好提供不同的美食，既轻松又省事。对此，我不敢苟同。

日常生活最重要的是家人们一起分享同一种食物。所以，要尽可能在同一时间围坐在一张桌子旁度过这美好时光。品尝同一种美味，自然会促进交流。美味佳肴会让一家人和和睦睦，席间交流自然也就会多起来。

不要把做饭的厨房看作自己的独享之地，即便这一区域由自己清扫打理，也应该将其视为"解放区"与大家共享。厨房不仅是和吃饭有关的场所，更是大家加强交流的地方。做饭是一项谁都应该掌握的基本技能。一家人一起做饭不但会增加对食物的关注，还能促进家人之间的彼此默契。在特殊的日子里围坐着品尝特殊的菜肴，将会带给人甜美的记忆。

  一家人一起用餐,相互交流,会增加彼此之间的团结协作,还可借此切磋厨艺,从而让饮食生活更加美好。

第七章

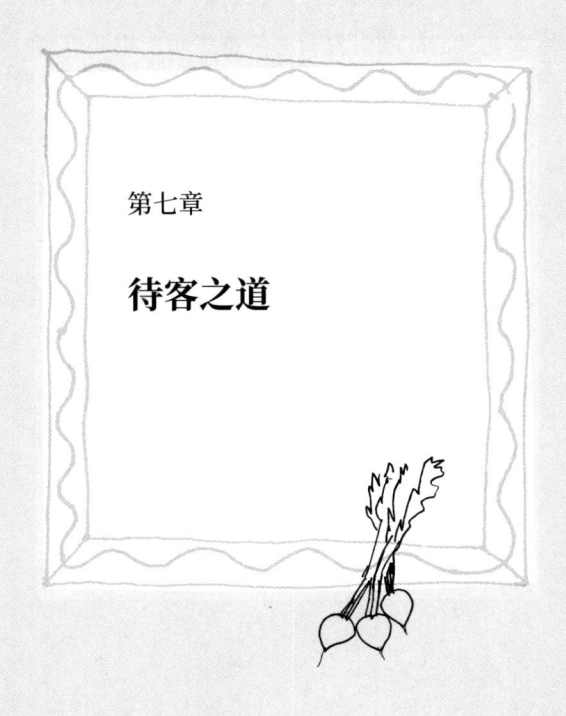

待客之道

如何让客人满意

是否在意对方,是待客的决定因素。大家在考虑问题时没有必要神经质,只要琢磨着让对方高兴就可以。一方面,想展现一下自己的手艺无可厚非,却也不能让客人产生芥蒂。另一方面,马马虎虎不注意细节,对方其实也能感受得到。不管如何,分寸要把握得当。

无论多么漂亮的搭配,多么可口的佳肴,如果不能让人感到愉悦,客人就无法体验到美味。让客人感受到热情大方,尤为重要。

第一节　精致布置，用服务弥补不足

与平时相比，招待客人更考验我们的动手能力。即使已经习惯了日常生活，招待起家人以外的人也会很操心。而这种操劳的心情会让我们进步。

精致是第一要义。只有将这一点记在心里，才能像创造美的艺术家一般专心致志。话虽如此，如果因此变得神经质，或者家里其他人都厌倦了这种烦琐的过程，就不能邀请客人了。最理想的状态应当是在拜托家人帮忙的同时，自己能从容地按照步骤正确地进行。

但是，大多数情况下难免会出现一两处错误。即使希望能够做到完美，但万一出差错，能将其掩饰起来，如此也不失为一种令人舒适的服务能力。因为与布置餐桌相比，周到的服务更能熨帖人心。精致布置只是为了自我满足，万一出点小差错，就请暂且放弃这一点，下次有机会的时候再次挑战吧！

精美布置餐桌的秘诀是把握好顺序和准确度。

○客人来的前一天要做好筹备和扫除

客人来的前一天,招待客人的房间、玄关、洗手间等地方要再次检查,做好清扫。第二天,只要打理一下自己注意到的地方就可以。

○铺上桌布

宴客当天,客人到来之前,首先要把桌布完全铺好,然后用熨斗熨平。这项工作要细心,关键是不要返工。

桌布和餐巾要美观,便于使用。桌布四周下垂20~30厘米比较合适。

○用花装饰

在其他地方把花插好,然后认真地摆放到桌上的中心位置。

○使用成套餐具

把相关餐具放在客人的正前方,然后再配上刀、叉和玻璃杯。

○备好餐巾

餐巾最好放在餐巾盒里,所在位置最好不易被手碰到。

最后,再看看还需要准备哪些小物件。

上图是午饭餐桌布置,下图是晚饭餐桌布置。简单、舒适的现代家庭餐桌能让围坐在桌旁的人在愉悦的氛围中品尝美食。这一点最为关键。

第二节　做好自己的拿手菜

宴请客人时，相比总想搞点这样那样的新菜，其实还是以往宴会上大家赞不绝口的那一道菜更吸引人。自己的拿手菜，总会得到好评。一听到菜式的搭配和烹饪方法，大家就觉得有食欲。家庭聚餐，相比菜品的奢华，味道的鲜美更重要。

基本做法就是保持简单，但在味道上多下功夫。除了自带食物的聚餐外，客人上门时一般不会带吃的（如果提前告知对方购买指定的东西另当别论），以免打乱主人的招待计划。

○简单的套餐菜单

简单的套餐菜单，基本上由前菜、主菜和甜点组成。虽然简单却很美味，而且数量少，不易出错。

◎前菜

前菜的作用，是刺激食欲，让之后的主菜吃起来更加美味。因此，前菜要体现季节感,注重其和主菜的关联。可以把三四种小菜拼装在同一个盘子里,也可以只做一种,分量要比主菜少,且味道不要与主菜重复。前菜最好提前准备,然后在用的时候做一些搭配就好。

比如,可以根据季节,将虾、贝类、熏鲑鱼、火腿、大头鱼、比目鱼、沙丁鱼等搭配起来吃。

如果必须要有生蔬菜,不必把沙拉或鱼放入套餐主菜。可以把沙拉放入冷拼盘,搭配白肉鱼、海鳗、虾、扇贝等。

如果主菜只做了鱼的话,前菜要有多样的食材、多种的味道,分量要和主菜差不多。

◎汤

汤未必是不可或缺的搭配,但常备蔬菜糊等食材,提前准备好冷制汤,那么几乎不用花时间,就能丰富宴会菜单。

◎主菜

如果要做以肉为主的主菜的话,可以

根据不同季节，准备热的、冷的、常温的食材。比如煮好的肉、炸肉、牛排、烤牛肉等。

◎餐后甜点

大家是不是很期待自己亲自来做？

制作方法可参照本书第八章。

如果要下点功夫，那么当天喝的红酒也可以加一些到菜里，从而尝出饮品和菜品的混搭味，提升口感。

冬天只要加点热的食物就可以。需要配置加热器，可以将配菜提前稍微加温。如果初学者跟前没有准备加热器，那么在极冷的时候做菜就很棘手。对此，不妨从合适的季节开始做吧。

即使是经验丰富的东道主，独自操办一次气氛良好的聚餐，最多也只能招待六人，人数再多的话，就需要帮手了。十人以上的话，采取自助餐的形式，会是愉快的家庭宴会吧。

○自助餐派对菜肴

如果是人稍多一些的欢乐宴席,那么配置可以用手拿取直接吃掉的小份的休闲食品就比较合适。既不需要担心上冷菜还是热菜的问题,也不用拘泥于季节,只要一口下去吃到美味的食物就可以。

以面包、蛋挞为基础添加合适搭配的食物。

如果要用法式面包的话,那么蒜香吐司(涂上蒜香黄油再烤)和意大利烤面包片(烤一会儿,涂上大蒜和橄榄油)就很适合。

此外需要注意,全谷物面包、三明治面包、胡桃面包等上面放果酱和沙司容易掉落,因此需要先准备好。

如果在意式香烤面包片(Bruschetta)上铺配料,可以选择:

◎切碎的洋葱、番茄、罗勒

◎红辣椒酱(加入了土豆泥)

如果在蒜香吐司上铺配料,那么可以选择:

◎熟鸡蛋酱（将培根和洋葱炒一炒，然后加入酸味奶油、蛋黄酱、盐、胡椒、荷兰芹，和捣碎的熟鸡蛋一起拌匀）

◎法式酱糜和小黄瓜（泡菜小黄瓜）

如果要在烤切片吐司上铺配料，那么可以选择：

◎生火腿和茄子（将烧好的茄子捣碎拌在上面）

◎熏鲑鱼和洋葱、柠檬、驴蹄草

◎马苏里拉（Mozzarella）奶酪或用柚子味噌腌制的卡芒贝尔（Camenbert）奶酪

如果给小型泡芙壳加馅料的话，那么可以选择：

◎牛油果奶油冻（牛油果酱加入鲜奶油）

◎菠菜奶油冻（菠菜酱加入鲜奶油）

三明治

◎黄瓜三明治

◎火腿三明治

◎鸡蛋三明治

甜点

◎荞麦粉做的奶味薄饼（烧制得比较小，比较厚，然后敷上栗子酱或榛子巧克力酱）

◎巴伐露斯（Bavarois）[把水果做成果泥，加入果泥一半量的白糖、明胶粉（200 克果泥中加入 1 大汤匙的明胶粉）、再加入适量白葡萄酒、君度橙酒等进行搅拌，加入鲜奶油（与果泥同等分量），搅打至同样黏稠的泡沫，然后冷藏。放入迷你玻璃杯，配上自制果酱和鲜奶油作装饰]

第三节　尝试做高级食材

在自己擅长的菜肴上巧用匠心，就可以使其成为不可多得的美味，这样也会引起客人的关注和赞誉。

只要不是自带食物参加的宴会，最好不要出现炸鸡。可能炸鸡确实很好吃，但会让别人觉得这顿饭很低级。

鹅肝、鱼子酱、松露被誉为世界三大奢侈美味，但其味道会因产地、品质、生产商而分为不同级别。如果级别低，那么即便价格昂贵也未必能称之为美味。因此，与其用极其珍贵的食材惊艳客人，还不如在相对普通的食材上多下功夫，这才是待客之道。

○红酒煮牛肉

给在红酒中浸泡过的牛肉撒上面粉，然后和胡萝卜、洋葱、大蒜一起炒，之后再加入红酒煮。将煮好的牛肉捞出放入盘中，在上面放上用橄榄油炒好的培根、蘑菇和小葱。最后，将煮牛肉的汤过滤一遍，熬成浓汁倒到肉上。

○三大美味以外的高级食材

鲷鱼、松茸、河豚、金枪鱼的大腹、鲍鱼、伊势虾、松坂牛、伊比利亚火腿、海鳗、龙利鱼、白芦笋等。

第四节　为对方考虑周到

切开硕大的肉块和一整只鸡比较难,却是活跃气氛的表演。

实际上,在吃东西的时候有人专门提供服务,把这些东西切成小块是必要的。食物的大小是否容易入口,在别人使用筷子的时候就需要重点关注。

要想兼顾礼貌和服务的周到,就得充分想象吃饭的过程,并充分考虑对方的心情。家庭宴会不仅是饭菜和搭配上的一种简单游戏,更是一种通过服务提高知性的行为。

总而言之,最重要的就是让被招待者感到满意。美味和周到,就是对别人的尊敬。

第八章

甜品更应该
吃亲手做的

简单的甜点是日常饮食的一部分

美味而又做工专业的甜点让人有着强烈的购买欲，大家对有名的西点店更是情有独钟。

喜欢吃甜点的人希望三餐都能吃到甜点，这种奢望也并非不可思议。大家只知道甜点的美味，却想不出来怎么去做。

在家常饭的范畴中，如果餐后自己能够悠然地做点有益健康的甜点，就能引起"味觉革命"。这是因为自己家加工制作出来的味道，能让人感受到超市或西点师傅做出来的甜点所没有的新鲜感。或者至少让人感觉到，甜点并非什么特别的东西，它只是家常饭的一种延伸，属于日常饮食的一部分。

第一节　自制甜点很容易

将水果切开去皮,加水慢慢熬煮,待其变软后加入白糖,然后根据自己的口味加入适量甜露酒,再搅拌均匀蒸发掉水分。这就是自制果酱。

在酸味少的水果中加入柠檬汁,或者使用自己喜欢的甜味和香料,就可以制作最简单的甜品。唯一需要注意的是火候。用小火或文火去煮以防溢出,开火之后不要离开,注意搅拌锅底。

白糖虽然能美化水果的颜色,但自己家用的话建议使用红糖、甜菜糖、蜂蜜、低聚糖、稀少糖等自己喜欢的糖源。如果能配点甜香酒,那就更加美味了。

苹果、蓝莓等很容易就煮成美味佳肴,梅子干可以用红茶充分浸泡,柑橘类水果则可以制作橘皮果酱。一个柚子除了皮和榨出的果汁外,种子还可以做化妆水,全身没有扔掉的地方。

夏季时西瓜酱更容易做。西瓜中心部分可以直接吃，靠边部分再来做西瓜酱。这样一来，甜度本来不高的地方在煮过之后就会变甜。西瓜青则可以做成泡菜，这样不会浪费。

第二节　零失败制作磅饼

磅饼是一种用微波炉七八分钟就能轻易做好的美食。备好杏仁粉、黄豆粉、荞麦粉、可可粉、葡萄干、发酵粉、自制果酱、牛奶、鲜奶油、打发的鸡蛋、椰子油，然后根据自己喜好加入适量白糖后搅拌并加热就可以。

一般日式甜点，制作时如果把握不好食材比例就会失败，磅饼就不会涉及这个问题。即使比例不对也不会制作失败，而且做起来花费时间很短。

食材比例以及水果、坚果的投入，可以充分发挥自己的独创性。把干柠檬皮捣碎就可以取代可可粉，挤点柠檬汁还会带上柠檬味。

哪怕做出来的不尽如人意，将鲜奶油拌入其中也会十分美味。就算不用发酵粉，也会在适量蛋液的作用下蓬松起来。

第三节　自制日式点心

一提起日式点心，就能想到那颇能代表季节变化的美丽形状和颜色。日式点心被用来做茶席上的小食。平常的日式点心，通常是指春分、秋分时手工制作的牡丹饼和萩饼，这足可让人一饱口福。有句话叫"春日牡丹饼，夏季有夜船，秋来尝萩饼，冬天望北窗"，就是此意。

○馅

用红豆做馅并不麻烦，只要将红豆煮好，根据自己的喜好放入适量白糖，实实在在地做出适合自己口味的馅。把红豆清洗干净倒入水中用大火煮，煮沸之后调至中火煮七八分钟，水快干时再加入此前同比例的水用中火煮，就这样边煮边加水，大约1小时后红豆变软。红豆变软后，因为加了白糖的缘故，为了防止焦煳，应该从底部搅拌让水分蒸发，直至底部能写出"一"字。最后，加入一撮盐。这种馅冷却后会变硬，因此要将其充分拌软。可以冷冻保存。此外，煮好的红豆（并非豆馅）也可以冷冻，届时拌米饭也行。要知道，红豆营养非常丰富。

有了这种馅，可以做年糕红豆汤、豆馅饼、糯米团子、糯米艾饼等。红豆做起来很方便，其甜味也能让人获得满足感。

○**寒天**[1]

寒天是夏季的餐后甜点，用寒天粉加红糖和黑蜜饯煮成浓液就可以。如果加入水果、豆类等食物做成什锦甜寒天，也是一种在家里就能享用的美味甜品。

用棒状寒天做甜品的话，需要用水洗，在水的作用下使其变柔软，之后用手揪拉，每根棒需要加入 500 毫升水来煮，使其凝固出自己觉得合适的硬度即可。

---

1 寒天，即琼脂，是红藻破壁技术的粹取物，富含水溶性纤维。日本人把用它做的甜品也称作寒天。

第四节　蛋挞皮也能自制

蛋挞皮其实不用买，尝试去做的话你会发现很简单，而且很美味。

苹果、梨子、蓝莓等蛋挞都可以自制。制作蛋挞，可用时令水果作为羹底，如果你能把作为蛋挞羹的奶油冻也做得很好吃，就能做出任谁都被惊艳到的甜点。做出来的蛋挞皮也可用来制作午餐时的法式咸派。

○蛋挞皮（酥皮挞皮）

能够制作两枚蛋挞的蛋挞皮，在一个星期内使用。基本食材包括低筋面粉 250 克、黄油 125 克、蛋黄 1 个、水 50 毫升、一撮盐、两勺白糖。

将低筋面粉摊成直径约 30 厘米的圆形，然后像甜甜圈一样把中间弄空。接下来，将黄油、蛋黄、白糖、盐、水加在一起搅拌。面团造型做得不规则也没关系，将一整块一分为二，包起来冷藏，第二天用的时候再用擀面杖压制成饼状烧制。

○奶油冻

准备蛋黄 7 个、白糖 100 克、低筋面粉 31.5 克、鲜奶油 45 克、牛奶 360 毫升（与体温相当的温度）、香草精。

用大碗将蛋黄和白糖拌匀，加入低筋面粉后再拌，加入鲜奶油、牛奶、香草精进一步拌匀，再将其放入锅中，打开火，一边加热锅底一边将其摊匀，待其熟透，取出放入碗中，散去余热即可。

结语

美的东西能让人愉悦心情。美食与美味，尤其可以让人快乐。

美味过甚的食物仅仅追求味道好吃，让人感到一种整齐划一的不自然之味。过度追求色香味，无论是过度追求"香"还是过度追求"色"，都容易让人感到厌倦。味觉和消费有相似之处，一旦升级就很难降低。这一点，就和欲望一样永远无穷无尽。

只有追求自然本身的味道而非人工创造的超级美味，才能磨炼一个人的感受性。这也是本书想要传达给大家的。

喜欢美食的朋友也许期待在本书中看到更加珍稀的菜谱，要是这样的话恐怕难以满足大家，因为本书主要适用于不太擅长做饭或者平时太忙而经常在外面吃饭的人。看完本书，我希望大家在人生中能花费更多时间为自己和家人做一做饭。做饭，能让我们学到很多东西。

做饭烧菜没有必要太过麻烦，也没有必要非得弄出个饭菜名称来，而应该注重食材的营养均衡和时令。根据季节的变化调整食材和烹饪方式，我想这应该是人们该有的幸福之一。用简单的方法认真对待，就能做出好的家常菜。汤汁的基础原料应由自己准备。做好这些，之后再使用自己认可的优质酱油、味淋、白糖、食盐等调料，或蒸，或煮，或烧，或炒，或炸，尽力去做就可以。

古人教导我们，每天的食物可以改变家人的性格和习惯。对此，我深信不疑。作为一个室内装饰设计师，我在设计厨房的时候一定会考虑如何便于做饭。时至今日，我依然认为这么做没错。我想传达给大家的理念，不知大家能否理解？

衷心感谢在本书编辑过程中付出诸多辛苦的大竹朝子和温和且具有高度责任感的干场弓子。如果本书能让大家体验美味的同时保持健康，同时从做饭中学到某些原理，进而提升大家的感受性，我将不胜欣喜。

2016 年春 加藤惠美子

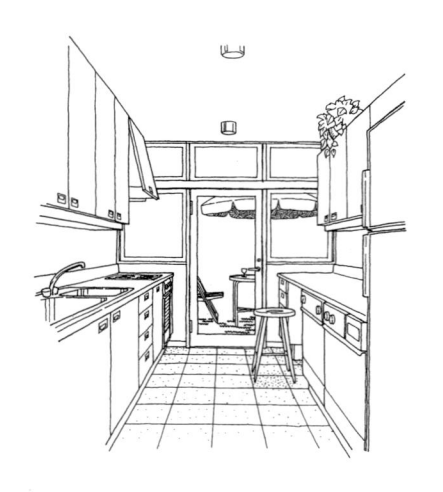

图书在版编目（CIP）数据

精致生活，也可以不贵 /（日）加藤惠美子著；范宏涛译. —— 北京：北京联合出版公司, 2024.8
ISBN 978-7-5596-7680-1

Ⅰ. C913.3-49
中国国家版本馆 CIP 数据核字第 2024ZR7224 号

手軽にできるていねいな食生活
TEGARUNI DEKIRU TEINEI NA SHOKUSEIKATSU
Copyright © 2016 by Emiko Kato
Original Japanese edition published by Discover 21, Inc., Tokyo, Japan
Simplified Chinese edition published by arrangement with Discover 21, Inc.
through Chengdu Teenyo Culture Communication Co.,Ltd.
Simplified Chinese edition Copyright © 2023 by Beijing Baby Elephant & Orange Cultural Media Co., Ltd.

北京市版权局著作合同登记 图字：01-2024-3367

精致生活，也可以不贵

作　　者：[日] 加藤惠美子
译　　者：范宏涛
校　　译：贺书馨
出 品 人：赵红仕
责任编辑：李艳芬
封面设计：张慧兰

北京联合出版公司出版
（北京市西城区德外大街 83 号楼 9 层　100088）
北京联合天畅文化传播公司发行
北京美图印务有限公司印刷　新华书店经销
字数 65 千字　880 毫米 ×1194 毫米　1/32　6.5 印张
2024 年 8 月第 1 版　　2024 年 8 月第 1 次印刷
ISBN 978-7-5596-7680-1
定价：49.80 元

版权所有，侵权必究
未经书面许可，不得以任何方式转载、复制、翻印本书部分或全部内容。
本书若有质量问题，请与本公司图书销售中心联系调换。电话：（010）64258472-800